崑山徐乾學年譜稿 上編

王逸明 編著

新編清人年譜三種重訂稿

王逸明　編著

总目录

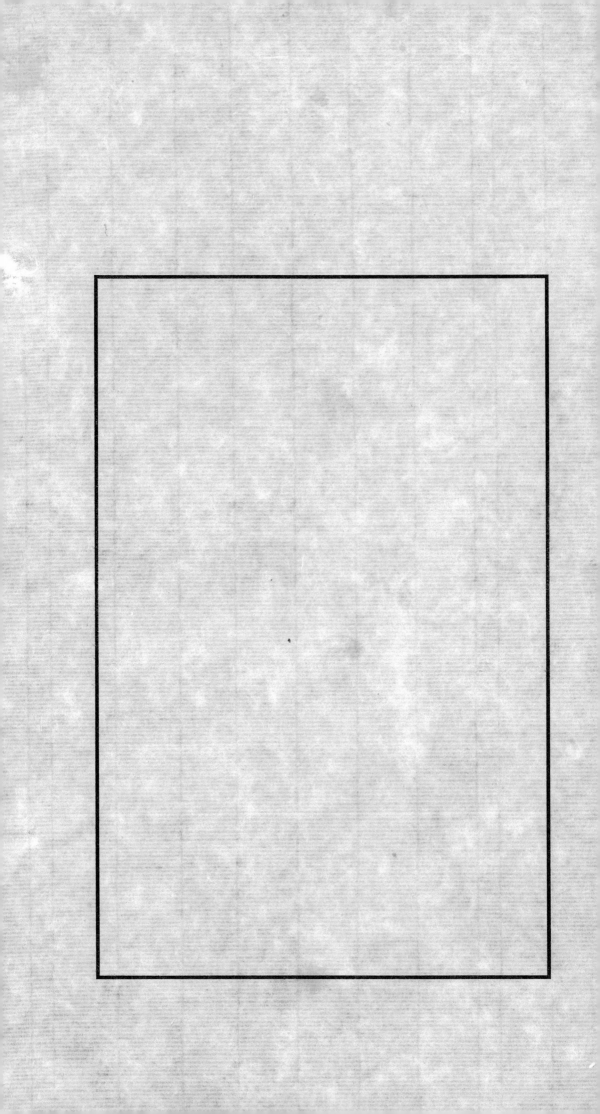

陈祖武先生序

一九九七年初，逸明先生枉驾寒舍论学，宾主谈艺，尝及清人年谱纂辑事。暌违三载，忽接逸明兄大著《新编清人年谱稿三种》清样，捧物如晤，喜不自胜。拜读一过，始知近三年间，逸明先生之足迹不惟遍布京中各大图书馆，而且远涉江南，读书访古，请益时贤。其为学之辛勤，其追求之执着，令人感佩，为之肃然。

《新编清人年谱稿三种》，谱主依次为徐乾学并其二弟秉义、元文，庄存与及其侄述祖，黄式三以周父子。诸家或为名臣，或为名儒，皆关系一时社会与学术甚大。惟或因头绪纷繁，梳理非易；或缘文献阙略，摭拾为艰，故而在现存众多清人年谱中，三家则付阙如。有鉴于此，逸明先生以诸家著述为主要依据，博采官私史籍、档案文书、方志谱牒、文编杂说，兼及时贤论著，详加比勘，别择断制，寒暑迭经而克成斯编。全书元元本本，可据可依，洵为知人论世之力作。

近数年间，祖武以读乾嘉学术文献为功课，于常州庄氏学术之渊源，每有所思。喜逸明之大著先得我心，仅赘数语，敢唱同调。

在迄今的乾嘉学术研究中，对常州庄氏学术的研究，尚是一个薄弱环节。清中叶常州庄氏之学肇始于庄存与，中经其侄述祖传衍，至存与外孙刘逢禄、宋翔凤而始显。晚近学者论常州庄氏学术渊源，往往着眼于社会危机或权臣和珅之乱政，从学理上去进行深入探讨，则尚不多见。其实，这是一个很值得深入论究的问题。所谓社会危机或和珅乱政云云，如果用以去观察庄述祖以降之常州今文学，抑或恰当，而据以解释庄存与之《春秋》公羊学，则恐怕难以联系得上。

关于这个问题，为清代学术史研究奠基的诸位大师，从历史环境和学风递嬗着眼，皆有过讨论。章太炎先生早年著《訄书》，率先留意此一问题，指出：

> 夫经说尚朴质，而文辞贵优衍，其分途自然也。文士既已熙荡自喜，又耻不习经典，于是有常州今文之学，务为瑰意眇辞，以便文士。今文者，《春秋》公羊、《诗》齐、《尚书》伏生，而排斥《周官》、《左氏春秋》、《毛诗》、马、郑《尚书》。然皆以公羊为宗。始武进庄存与，与戴震同时，独喜治公羊氏，作《春秋正辞》，犹称说《周官》。其徒阳湖刘逢禄，始专主董生、李育，为《公羊释例》，属辞比事，类列彰较，亦不欲苟为恢诡。然其辞意温厚，能使览者说绎。及长州宋翔凤，最善附会，牵引饰说，或采翼奉诸家，而杂以谶纬神秘之辞。翔凤尝语人曰，《说文》始一而终亥，即古之《归藏》也。其义瑰玮，而文特华妙，与治朴学者异术，故文士尤利之。（章炳麟《訄书》第十三《清儒》）

继太炎先生后，梁任公先生自今文经学营垒中出，于此一学派的兴起别作解释云：

> 常州派有两个源头，一是经学，二是文学，后来渐合为一。他们的经学是公羊家经说，用特别眼光去研究孔子的《春秋》，由庄方耕存与、刘申受逢禄开派。他们的文学

是阳湖派古文，从桐城派转手而加以解放，由张皋文惠言、李申耆兆洛开派。两派合一，来产出一种新精神，就是想在乾嘉间考证学的基础之上，建设顺康间经世致用之学。（梁启超《中国近三百年学术史》四《清代学术变迁与政治的影响 下》）

对于章、梁二位先生所论，钱宾四先生并不甚满意。所以钱先生著《中国近三百年学术史》，只是吸收二家论究之合理部分，转而别辟蹊径，提出了十分重要的意见。

钱宾四先生探讨常州庄学之渊源，注意力集中于苏州惠氏学术的巨大影响上。苏州惠氏一门，从康熙间惠有声发轫，经惠周惕、惠士奇奠立藩篱，至乾隆初惠栋崛起，四世传经，自成一派。关于苏州惠氏学风，钱宾四先生归纳为『推尊汉儒，尚家法而信古训』。（钱穆《中国近三百年学术史》第八章《戴东原》）正是从对苏州惠氏学风及其影响的准确把握入手，钱宾四先生旁征博引，创立新说，提出了『常州之学原本惠氏』的主张。钱先生的结论是：『常州公羊学与苏州惠氏学，实以家法之观念一脉相承。』（钱穆《中国近三百年学术史》第十一章《龚定庵》）

章、梁、钱三位先生之所论，尤其是钱宾四先生的解释，从宏观学风的把握上，为我们研究常州庄氏学的渊源，提出了十分宝贵的意见。至于深入进行具体研究，解决诸如庄存与何以要撰写《春秋正辞》一类的问题，则是三位先生留给后学的功课。以下，以接武钱宾四先生的思路，就此试做一些努力。

同惠栋相比，庄存与是晚辈。存与生于康熙五十八年，较惠栋年少二十二岁。乾隆九年，惠栋撰《易汉学》成，率先揭出复彰汉学之大旗。翌年，庄存与始以一甲二名成进士，时年二十七岁。惠栋《易汉学自序》云：

> 六经定于孔子，毁于秦，传于汉。汉学之亡久矣，独《诗》、《礼》、《公羊》犹存毛、郑、何三家。《春秋》为杜氏所乱，《尚书》为伪孔氏所乱，《易经》为王氏所乱。杜氏虽有更定，大校同于贾、服，伪孔氏则杂采马、王之说，汉学虽亡而未尽亡也。惟王辅嗣以假象说《易》，根本黄老，而汉经师之义，荡然无复有存者矣。（惠栋《松崖文钞》卷一《易汉学自序》）

常州毗邻苏州，惠栋表彰汉儒、兴复汉学的倡导，庄存与随父宦游南北，当能知其梗概。乾隆十四年，清高宗诏举潜心经学之士。惠栋为两江总督黄廷桂、陕甘总督尹继善保举，列名荐牍。十六年，因试期在即，惠栋深以不能如期入京为忧，于是致书尹继善。书中有云：

> 栋少承家学，九经注疏，粗涉大要。自先曾王父朴庵公，以古义训子弟，至栋四世，咸通汉学。以汉犹近古，去圣未远故也。《诗》、《礼》毛、郑，《公羊》何休，传注具存。《尚书》、《左传》，伪孔氏全采马、王，杜元凯根本贾、服。唯《周易》一经，汉学全非。十五年前，曾取资州李氏《易解》，反复研求，恍然悟洁净精微之旨，子游《礼运》、子思《中庸》，纯是《易》理。乃知师法家传，渊源有自。此则栋独知之契，用敢献之左右者也。（惠栋《松崖文钞》卷一《上制军尹元长先生书》）

此时庄存与正在翰林院为庶吉士，置身儒林清要，职系四方观瞻，于惠栋之表彰汉儒经说，当有更深体悟。乾隆二十三年春，庄存与以直隶学政条奏科场事宜，『奏请取士经旨，悉遵先儒传注』，（《清高宗实录》卷五五八，乾隆二十三年三月丙申条）或可视为对惠栋主张的响应。就当时学术界的情况言，表彰汉儒经说者，《易》有惠栋，《礼》有江永及徽州诸儒，《诗》则有戴震，惟《春秋》公羊说尚无人董理。庄存与因之起以自任，亦是情理中事。

庄存与之发愿结撰《春秋正辞》，一方面固然是惠栋诸儒兴复汉学的影响，另一方面，也与此时的清廷好尚和存与自身地位分不开。

高宗初政，秉其父祖遗训，以『首重经学』为家法。乾隆十年四月，高宗策试天下贡士于太和殿，昭示天下士子：『将欲为良臣，舍穷经无他术。』（《清高宗实录》卷二三九，乾隆十年四月戊辰条）庄存与即是经此次殿试而进入翰林院庶吉士馆。乾隆十三年五月，庶吉士散馆，存与考列汉书二等之末，本当重罚，高宗念其『平时尚留心经学』，（《清高宗实录》卷三一五，乾隆十三年五月庚子条）责令留馆再学三年。经十六年再试，存与遂官翰林院编修。而此时正值高宗诏举经学，且首次南巡归来，濡染江南穷经考古、汉学复彰之风，因之高唱『经术昌明，无过今日』。（《清高宗实录》卷三八八，乾隆十六年五月丙午条）十七年，庄存与升侍讲，入直南书房，成为清高宗的文学侍从。

继圣祖、世宗之后，清高宗亦视《春秋》为帝王之学，命儒臣编纂《春秋直解》。乾隆二十三年八月，书成，高宗撰序刊行。序中有云：『中古之书，莫大于《春秋》。推其教，不越乎属辞比事，而原夫成书之始，即游、夏不能赞一辞。』该序指斥宋儒胡安国《春秋传》『傅会臆断』，宣称《直解》本清圣祖所定《春秋传说汇纂》为指南，『意在息诸说之纷歧以翼传，融诸传之同

异以尊经。』（《清高宗实录》卷五六九，乾隆二十三年八月丁卯条）

正是在令儒臣纂修《春秋直解》的前后，清高宗屡屡表彰汉儒董仲舒之学。乾隆十九年四月，高宗策试天下贡士于太和殿，阐发『天人合一』说，指出：『董仲舒以为，善言天者，必有验于人。又谓道之大，原出于天，天不变，道亦不变。』（《清高宗实录》卷四六一，乾隆十九年四月乙巳条）三十七年四月，同样是策试天下贡士，高宗又称：『汉仲舒董氏，经术最醇。』（《清高宗实录》卷九〇七，乾隆三十七年四月丙戌条）三十九年二月，高宗在经筵讲《论语》『克己复礼』，则以董仲舒与朱熹学说相比较，认为：『董仲舒正谊明道之论，略为近之。』（《清高宗实录》卷九五二，乾隆三十九年二月己丑条）专制时代，『朕即国家』，帝王一己之好尚，对一时儒臣的为学，其影响力之大，是不言而喻的。

乾隆三十三年，庄存与为清高宗识拔，入直上书房，教授皇十一子永瑆。迄于五十一年告老还乡，存与任是职十馀年。他的《春秋正辞》，大概就始撰于入直上书房之后。我们之所以如此说，其根据主要是如下三个方面。

第一，《春秋正辞》秉高宗旨意，遵孟子之教，以《春秋》为天子之事。庄存与于此有云：『旧典礼经，左邱多闻。渊乎公羊，温故知新。谷梁绳愆，子夏所传。拾遗补阙，历世多贤。《春秋》应天，受命作制。孟子舆有言，天子之事。以託王法，鲁无愒焉。以治万世，汉曷觊焉。』（庄存与《春秋正辞》卷一《奉天辞第一》）书中，存与屡引董仲舒说，以明为君之道，力言维护『大一统』。所以道光初阮元辑《皇清经解》，著录《春秋正辞》，评存与是书云：『主公羊、董子，虽略采左氏、谷梁氏及宋元诸儒之说，而非如何劭公所讥，倍经任意、反传违戾也。』（阮元《庄方耕宗伯经说序》，载庄存与《味经斋遗书》卷首。《揅经室集》不载。）

第二，乾隆三十六年三月，庄存与任会试副考官，翌年六月，在翰林院教习庶吉士。该科进士孔广森后撰《春秋公羊通义》，于书中大段征引庄存与说《春秋》语云：

> 座主庄侍郎为广森说此经曰，屈貉之役，左氏以为陈侯、郑伯在焉，而又有宋公后至，麇子逃归。《春秋》一切不书主，书蔡侯者，甚恶蔡也。蔡同姓之长，而世役于楚，自觉诸夏……若蔡庄侯者，所谓用夷变夏者也。

广森服膺师说，认为：『三复斯言，诚《春秋》之微旨。』（孔广森《春秋公羊通义》卷五《文公十年》）

第三，《春秋正辞》凡九类，依次为奉天辞、天子辞、内辞、二霸辞、诸夏辞、外辞、禁暴辞、诛乱辞、传疑辞。大体类各一卷，惟内辞作上中下三卷，故全书凡十一卷，末附《春秋要指》、《春秋举例》各一卷。各类之下，再分子目，所列多寡不等，共计一百七十五目。今本所载，虽有目无书者甚多，因之光绪间所修《武阳志馀》认为：『此书先生或未能毕业，故各类中多有目无书乎？』（庄毓鋐等《武阳志馀》卷七《经籍·春秋正辞》）但就体例而言，则颇类讲章。关于这一点，可以魏源文为证。道光间，庄氏后人辑存与经说为《味经斋遗书》，魏源于卷首撰序云：

> 武进庄方耕少宗伯，乾隆中，以经术傅成亲王于上书房十有馀载，讲幄宣敷，茹吐道谊。子孙辑录成书，为《八卦观象上下篇》、《尚书既见》、《毛诗说》、《春秋正辞》、《周官记》如干卷。崒乎董胶西之对天人，醰乎匡丞相之述道德，肫乎刘中垒之

陈古今，未尝凌杂爪析，如韩、董、班、徐数子所讥，故世之语汉学者鲜称道之。（《魏源集》上册《武进庄少宗伯遗书序》）

根据以上诸条，祖武认为，《春秋正辞》当撰于乾隆三十至四十年代间。庄存与著书，正值乾隆盛世，存与身在宫禁，周旋天子帝胄间，讲幄论学，岂敢去妄议社会危机！至于和珅之登上政治舞台，据《清高宗实录》和《清史稿》之和珅本传记，则在乾隆四十年，而其乱政肆虐，则已是乾隆四十五年以后。因此，庄存与之晚年，虽痛恨和珅之祸国，但若以此为其结撰《春秋正辞》之初衷，似可再做商量。

一孔之见，难得要领，谨以奉教逸明先生并读者诸高贤。

陈祖武谨识　庚辰孟秋于京东潘家园

作者自序

一九九六年，因编辑《清代经学图鉴》一书，查阅了许多清代学者年谱。在查阅过程中发现，有些年谱存世稀少，比如毛奇龄、万经、孔广林的年谱都是孤本。有些年谱虽尝见于著录，比如徐乾学和黄以周的年谱，但存世的可能性已很小了。另外，有些重要学者根本没有年谱。比如惠栋和庄存与就一直没有年谱。一九九七年初，我拜访陈祖武先生时曾请教道：『我们编《经学图鉴》遇到的主要问题，是许多学者的生平资料很难找。像徐乾学、惠栋、庄存与、庄述祖这些重要学者都没有年谱。』陈先生高兴地说：『你们了解了不少情况。我一直鼓励年轻人为他们做年谱。这是硬碰硬的基础工作。庄存与、庄述祖的材料比较少见，我们所图书馆有一套民国印的《毗陵庄氏族谱》，你有空可以去看一看。』陈先生这几句话是我为清代学者编年谱的最初诱因。

一九九八年夏末，《清代经学图鉴》出版后不久，我如约到社科院历史所图书馆看《毗陵庄氏族谱》。那是我编庄谱的开始。同年十月，我利用年假去了一趟南方，沿杭州、萧山、绍兴、宁波、上海、苏州、常州、扬州一线，专门考察清代经学家的故居，采访他们的后人。当时我还没决定写徐乾学和黄氏父子的年谱，所以没去昆山和定海。现在想起来还很后悔。在常州，我遇到了市文管会的贺忠贤先生。六十多岁的贺先生带我跑遍了目前在常州能找到的所有清代经学家的故居，包括庄存与故居。后来贺先生得知我正编庄谱，寄给我许多材料。最近还寄来谢忱先生新编的张惠言年谱。在贺先生的帮助下，转年春，庄谱就有了大概眉目。

正巧，一九九九年四月常州召开一个常州学派研讨会。贺先生将我的庄谱稿推荐给会议组织者，使我有幸与会。在会上，我见到了研究常州学派的著名专家汤志钧先生。汤先生说，他的母亲就是常州庄氏后裔，他也编了一个庄氏年谱，有二十多万字。轮到我发言时，我介绍了贺先生带我访问庄氏故居的经历。会议组织者当即决定，第二天集体参观庄氏故居。

庄存与是乾隆执政中期宫廷中一位不特别重要的文官，所任最大官职为礼部左侍郎，其生平史料集中记录在民国二十四年排印本《毗陵庄氏增修族谱》中。庄存与后来被研究清代学术史的学者逐渐重视起来，主要因为他被认为是清晚期流行的今文经学研究的最早发起者。晚清今文经学研究者中有不少人对中国历史发生了重大影响，包括龚自珍、魏源和康有为等。因此厘清庄存与学术思想发生发展的理路就显得特别重要。但是很可惜，有关庄存与的史料中恰恰缺少反映其学术发展轨迹的记载。庄存与去世四十年后其遗著中的解经之作才刊刻行世，这些作品的确切写作时间已无从考证。庄存与的杂文集失传了。在当时其他学者的文集中没有见到庄存与写的序跋。他好像很少与人交往。较早评价庄氏学术的著名学者是龚自珍。庄存与去世三十年后，其孙庄绶甲到龚自珍家当家庭教师。庄绶甲对龚自珍讲述了爷爷的事迹，希望龚写一篇神道碑铭（好像一直没有人为庄存与写墓志）。龚对庄的事迹留下了印象，但当时并没有答应写。来年龚自珍到京师，庄存与的外孙宋翔凤再次向龚讲述庄氏事迹，龚还没动笔。直到道光二年，距庄绶甲最初提出请求已过去了五年，龚自珍才为庄存与写了神道碑铭。神道碑铭相当于墓表，有别于纯属记实的墓志，一般应对墓主作出评价。但是龚自珍这篇一拖再拖的碑铭没有论定庄存与的学术归属。龚自珍是今文经学中人，他清楚庄氏学术的归属，但是因为庄绶甲和宋翔凤的关系，还因为当年提携龚自珍的刘逢禄是庄存与的外孙，所以龚自珍有义务规避庄氏学术中不合潮流的一面。晚近评介庄氏学术的著述有杨向奎先生的《绎史斋学术文集·清代的今文经学》，汤志钧先生的《近代经学与政治》，以及美国艾尔曼先生的《中华帝国晚期常州今文学派研究》。艾尔曼先生显然受到汤先生一些观点的影响，他也认为庄存与研究今文经学是社会发展的必然产物，其目的是想通过学术研究影响当时的政治。

说实话，我目前还不能完全看懂庄存与的解经著作。我对庄存与学术理路的认知，是通过罗列其与学术有关的行迹推断出来的。庄存与生前在学术界没什么名望，虽然他的考试成绩很好，无论是会试还是进入宫廷后的例行考试，但是他那带有谶纬色彩的解经方法在当时不为学界所重。与他同时的享有较高声誉的学者是卢文弨（长庄二岁）、王鸣盛（小庄三岁）、戴震（小庄四岁）和纪昀（小庄五岁）这些人，他们都是汉学家。目前尚未发现庄存与同这些人交往的史料。我隐约觉得，庄存与同这些走红的汉学家们在学术观点上有不小的矛盾。庄存与的家学属宋学系统，他之所以屡屡在考试中获得好成绩，后来又得到乾隆帝的赏识，都得益于此。因为当时所有考题及解题方法都出自宋儒经典，乾隆帝本人更是有名的宋学爱好者。乾隆因为重视朱熹学说，从而重视董仲舒《天人三策》。庄存与『以董子《春秋》受主知』，这个记载不能被视为乾隆帝和庄存与同时对今文经学发生兴趣的证据，它只能说明乾隆帝和庄存与都是宋学正统地位的维护者。他们都是因为宋儒重视董仲舒学说而重视董仲舒学说。还有两个事例可以作为判断庄存与学术归属的根据，一个是他坚持在官方颁布的教材中保留宋儒最喜欢的伪古文《尚书》的核心部分。一个是他自己明言，他撰写《春秋正辞》的直接原因只是为了重申赵汸对经典的理解。因此可以肯定地说，庄存与不是一位自觉的今文经学研究者。如果一定要将其学术归入某一系统的话，它应该归入宋学系统。这是个有趣的结论，因为它打破了推动社会变革的理论都源于显要学者发明的时髦学说这类形而上学的逻辑。即如被当时许多显要学者视为保守甚至迂腐的宋学，同样可以激发后人革新社会的灵感。

在一九九八年十月那次考察中，我还到了宁波，见到了宁波大学的方祖猷先生。当时方先生为我详细画出了万经故居和全祖望墓的位置，还送给我一部他与陈训慈先生合著的《万斯同年谱》。在方先生影响下，我对清代浙东学术有了一点了解。后来当方先生知道我编黄谱后马上写来信，热情地鼓励我，并告诉我许多查找史料的线索。编黄氏父子年谱开始于一九九八年底，其直接原因是首都图书馆的陈坚和马文大先生帮我检出了馆藏全套的《定海黄氏所著书》。《定海黄氏所著书》是入藏首图前由原藏书者自定的书名。《丛书综录》中没有这个书名。萧一山《清代学者生卒著述表》所录黄氏父子著作版本情况与这套书相符，估计萧先生就是根据现在首图的这套书著录的。但是萧先生没有提到这套书中的第二十六册，我叫它《儆季集外文》。

黄式三是清末浙东民间塾师，通过刻苦自学，私下里撰写了许多具有独到见解的解经著作。可惜他的考试成绩非常糟，仅以岁贡生终其一生。中年以后，黄式三陆续接触到一些在东南一带比较有名的学者，包括严可均、夏炘、吴德旋和方成珪。俞正燮曾对黄式三的一些文章给予了较高评价。黄式三的学术非常驳杂。他成长于缺乏学术气氛的穷乡僻壤，几乎看不到最新出版的学术著作，所以他的学术不属于任何现成的系统。后人评价黄式三，一般爱说他『汉宋兼采，实事求是』，因为他在表彰戴震哲学观点的同时，也维护朱熹学说的正统性。黄式三不仅擅长经学著述，他还写了许多关涉史学和诸子学的文章。特别是他那些探讨抽象概念的纯思辩文章，很难令人相信出自一位没有家学传统的乡村塾师之手。比如当英帝国侵略者攻陷定海，全家颠簸于海陆间逃难的流民中时，黄式三居然在一篇杂记中从容地写道：以前我曾把自家的书房叫做求是室，『由今思之，前之所谓求是者，是耶，非耶？今有自知其非者矣，有前之非而不尽知者，不能强也。然则今所谓是者，安知其实是？今之所谓非者，安知其真非？天假我一日，即读一日之书，而求其是。求之，云尔。其是与非，俟后人定之，己不能定也。』

黄式三季子黄以周的考试成绩依然不理想，只通过了举人考试。但黄以周在学术界获得了较大声誉。他在三十七岁参加科举考试时引起主考学政的注意。学政问他解释经义的根据，他将两年前去世的父亲的遗著交给学政。学政阅读这些遗著后非常惊讶，决定批准黄式三从祀府、厅乡贤祠和诂经精舍先觉祠。后来黄以周在工作上取得了两大成就，一个是在浙江书局工作期间，主持了许多重要书籍，比如《续资治通鉴长编》的辑佚、校勘工作。一个是在南菁书院主持教学工作期间，培养出了包括陈庆年、曹元弼、唐文治、吴稚晖和丁福保在内的一大批学、政界风云人物。黄以周自己的学术研究也取得了丰硕成果，其中以《礼书通故》一书产生的影响最大，俞樾为它写了热情洋溢的序。黄以周去世前，西方化的浪潮已愈演愈烈，不可遏制，但黄以周还是试图阻止他的学生学习西学。甚至在他去世前写给学生的一封信中，还流露出了对理工科的蔑视。

黄式三的生平事迹集中记录在黄以周所作《先考言行略》中。黄式三参与编撰的黄氏族谱现在可能仍保存在浙东民间，其中一定记载着黄家一些鲜为人知的情况，比如黄式三的几位叔叔以及他的第二位妻子的情况。黄以周的生平事迹散见于几位学者所作的粗略传记中。比较常见的有缪荃孙著《黄先生墓志铭》和章炳麟著《黄先生传》。《清儒学术讨论第一集》（商务印书馆民国十九年版）收录的黄以周的亲近弟子唐文治所著《黄元同先生学案》，是一篇很少被提到的记述黄氏学术的文献。这份文献记载，黄的另一位亲近弟子王兆芳曾撰有一篇详细的黄先生行述。王兆芳年纪很轻就去世了。目前还不知道这篇行述是否刊刻在什么书中，其手稿是否还保留在世。另外，《中国历代人物年谱考录》著录近代宁海干人俊先生曾编有《黄儆季年谱》稿本两卷，一直没有刊印，同样不知它是否还保留在世。晚近学者撰写的有关黄以周生平学术的最有价值文献，是洪焕椿先生所著《浙江文献丛考》中的《定海黄以周的经学著作》一文。它告诉我们，现在宁波一带民间还藏有大量的黄以周手稿。

决定编徐乾学年谱也是在一九九八年底。有一天故宫博物院图书馆的翁连溪先生请韦尔立和我在军机处吃饭，我抱怨说，北京只有中科院图书馆藏有《憺园文集》，但调阅不便。翁先生马上说，你别去了，我帮你解决。没几天，他就帮我复印了全套的《憺园文集》，是从《四库全书存目丛书》中复印的。直到现在，我还能回忆起从他手里接过《憺园文集》时的心情。

徐乾学是康熙执政前期江南知识分子在宫廷中的领袖，官至左都御史、刑部尚书，曾受命总裁《明史》《大清一统志》等官修书籍，又帮康熙帝编辑了类书《御选古文渊鉴》和《鉴古辑览》。徐乾学私下主持辑刻的大型丛书《通志堂经解》和他与万斯同合编的《读礼通考》，是有清一代钩沉辑佚、汇编经解的先声。徐乾学还是清初最著名的学术活动赞助人，许多学者的学术成果都是在他帮助下取得的。比如阎若璩的《尚书古文疏证》，胡渭的《禹贡锥指》和顾祖禹的《读史方舆纪要》。另一方面，徐乾学又是清初对异族统治阿谀逢迎、趋炎附势的典型。特别是其显贵后贪污腐败，放纵亲信子侄，勾结地方官吏鱼肉乡里，导致其去世后声誉迅速衰减。过去人们对徐氏生平事迹的了解，主要来自于他的学生韩菼所作行述。《昆山新阳县合志》记载徐乾学的曾孙徐传轸曾与族子徐凌云纂辑徐家族谱，现在美国尤他州家谱学会收藏的《徐乾学家谱》可能与此有关。《中国历代人物年谱考录》著录近代昆山徐昆编有《徐健庵先生年谱》稿本一种。但是没见到有文章引用过这部稿本。晚近学者为徐乾学撰写的传记，只见到刘建新先生为《清代人物传稿》撰写的《徐乾学》一文。它引用史料的广泛程度和对徐氏生平记述的详细程度，超过了一九四三年美国洛克菲勒公司资助编撰的《清代名人传略》中的《徐乾学》条。

徐乾学一生受两个人影响特别大。前半生受其舅父顾炎武影响，后半生受康熙帝倚重的明珠影响。康熙初年，徐乾学同许多江浙一带的知识青年一样，受到科场案和奏销案的打击，走投无路。他曾到广州一带游历，并两次到达汕头。那里有通往福建前线的航线。南明残留军队当时正在福建沿海与清军进行最后的决战。很快，清军就取得了决定性胜利。徐乾学得到消息后立即北返，连续参加新朝的考试，并在康熙九年获得了服务新朝的机会。始终怀有反清情绪的顾炎武疏远了这个渴望出人头地的外甥（顾徐矛盾也许还因为徐乾学与顾炎武的仇人叶方恒家结亲），顾后来还曾当众指责徐。但徐乾学却一如既往地敬重舅父，并一直在暗地里保护着舅父的安全。贪婪的明珠是徐乾学在朝廷中的靠山，徐乾学帮助明珠收受过许多贿赂。如果不是皇帝秘密指使，徐乾学绝对不敢参劾明珠。但是明珠不可能恨康熙帝，他只恨徐乾学，并且一定要置之死地。假如明珠的外甥傅腊塔晚死两年，说不定会亲手杀了徐乾学。

读书、编书占去徐乾学一生的大部分时间。徐家祖上没给徐乾学留下什么藏书，他怎么能在那么短的时间里成了闻名江南的大藏书家，是值得怀疑的。此外《通志堂经解》的编刊过程也扑朔迷离。我注意到了这些一般传记中语焉不详的关键之处，但尚未一一考证翔实。我曾给美国尤他州家谱学会发过电子邮件，询问怎样才能获得《徐乾学家谱》的副本或复印件。没有回音。根据《中国家谱综合目录》推测，北京图书馆可能藏有苏州一带徐氏宗谱的其他版本，但是北图普通古籍部一直在修理内部，已经许多年了。我只好利用有限的线索推测徐乾学家人的生卒嫁娶时间，有些推测方法是可笑的，结果只能是聊胜于无。

最后，谨向中国社会科学院历史研究所陈祖武先生，宁波大学方祖猷先生，常州市文物管理委员会贺忠贤先生，首都图书馆陈坚先生和马文大先生，故宫博物院图书馆翁连溪先生和我的同事韦尔立先生表示衷心的感谢。同时向在编谱过程中帮助过我的中国社会科学院历史研究所图书馆的梁勇先生和袁立泽先生，首都图书馆的周心慧先生、韩朴先生和古籍部刘乃英主任，中国第一历史档案馆的徐艺圃先生，北京图书馆善本部的李致忠先生，北京大学图书馆善本部的张玉范主任，常州市图书馆古籍部的杨欣主任，首都师范大学图书馆古籍部的丁晓山主任以及学苑出版社的孟白先生和郭强先生表示感谢。

王逸明 作于二〇〇〇年七月二十日

二〇一一年三月十九日删订

重订说明

二〇一〇年春，学苑出版社通知我，要再版二〇〇〇年十一月出版的拙作《新编清人年谱稿三种》。本以为简单订正一下就可以交工，粗看一过，发现旧稿不仅引文错漏比比皆是，体例也需要改进，否则难以卒读。同时还有一些近年来发现的和朋友提供的新材料要加进去。于是跟出版社商量，将再版改为重订。塌下心来，逐条校核。不知不觉，竟弄了一年。

旧稿体例，各年先总说谱主行踪事迹，再将相关材料和引文全部罗列在总说之后。现在改为将总说拆开，按时间顺序分条，再将相关材料和引文依次排在各条下，以便阅读。下面分别说明对三个谱进行了哪些重订。

一、《徐乾学年谱》。二〇〇八年，我在国家图书馆家谱部意外发现了抄本《徐乾学家谱》的胶片，是美国犹他州赠送的。调阅后才知道，犹他州所藏也是复制件，原件在日本东洋文库，是残本，最前边的徐乾学家传不全了。国图家谱部为我复制了一套《徐乾学家谱》，使我这次得以把其中的信息补充进《徐乾学年谱》，愉快之至。旧谱出版后，我陆续看到了一些当今学者写的研究徐乾学的论文，比较重要的有：王家俭先生著《昆山三徐与清初政治》一文，载台北中研院近代史研究所一九九二年版的《近世家族与政治比较历史论文集》下册；林庆彰、蒋秋华两先生主编《通志堂经解研究论集》，台北中研院文哲所二〇〇五年出版；陈惠美先生著长篇论文《徐乾学及其藏书刻书》，台北花木兰文化出版社二〇〇七年出版。陈惠美先生的大作出版是在二〇〇七年，但完成的时间是一九九〇年，其中的第二节《生平事迹汇编》相当于年表或简谱。就是说，王家俭和陈惠美两先生的论著都完成于拙作徐谱之前（他们那时就看到了《徐乾学家谱》），而我对这两部著作闻所未闻，可

重订说明

二〇一〇年春，学苑出版社通知我，要再版二〇〇〇年十一月出版的拙作《新编清人年谱稿三种》。本以为简单订正一下就可以交工，粗看一过，发现旧稿不仅引文错漏比比皆是，体例也需要改进，否则难以卒读。同时还有一些近年来发现的和朋友提供的资料要加进去。于是跟出版社商量，将再版改为重订。孰料心来，逐条校核。不知不觉，竟弄了一年。

旧稿体例，各年先总说谱主行踪事迹，再将相关材料和引文全部罗列在总说之后。现在改为将总说拆开，按时间顺序分条，再将相关材料和引文依次排在各条下，以便阅读。下面分别说明对三个谱进行了哪些重订。

一、《徐乾学年谱》。二〇〇八年，我在国家图书馆家谱部意外发现了抄本《徐乾学家谱》的照片，是美国犹他州赠送的。询问后才知道，犹他州所藏也是复制件，原件在日本东洋文库，是现存最早的徐乾学家传不全了。国图家谱部为我复制了一套《徐乾学家谱》，使我这次得以把其中的信息补充进《徐乾学年谱》，愉快之至。旧谱出版后，我陆续看到了一些当今学者写的研究徐乾学的论文，比较重要的有：王家俭先生著《昆山三徐与清初政治》一文，载台北中研院近代史研究所一九九二年版的《近世家族与政治比较历史论文集》下册；林庆彰、蒋秋华两先生主编《通志堂经解研究论集》，台北中研院文哲所二〇〇五年出版；陈惠美先生著书论文《徐乾学及其藏书刻书》，台北花木兰文化出版社二〇〇七年出版。陈惠美先生的大作出版是在二〇〇七年，但完成的时间是一九九〇年，其中的第二节《生平事迹汇编》相当于年表或简谱。就是说，王家俭和陈惠美两先生的论著都完成于此作徐谱之前（他们那时就看到了《徐乾学家谱》），而我对这两部著作闻所未闻，可向。而庄存与的乐理研究跟乾隆帝保持着高度一致。这个情况，对于我们认识庄氏的经学研究倾向，有重要参考价值。乾隆帝的乐理研究就犯了重大错误，使中国乐理的发展偏离了正确方向，并因此改变了中国历史的发展方向。乾隆帝在许多方面的修养和造诣超出了同时期的汉人学者，但是他也有个人的弱点，犯过很多重大的错误，并因此改变了中国历史的发展方向。

向。而庄存与的乐理研究跟乾隆帝保持着高度一致。这个情况，对于我们认识庄氏的经学研究倾向，有重要参考价的错误，并因此改变了中国历史的发展方向。乾隆帝的乐理研究就犯了重大错误，使中国乐理的发展偏离了正确方乾隆帝利用。乾隆帝在许多方面的修养和造诣超出了同时期的汉人学者，但是他也有个人的弱点，犯过很多重大了两个概述。简而言之，庄氏的乐理研究再次证明了他在学术上秉承乾隆帝旨意，深为乾隆帝信赖，原因为议论者。这次我把相关史料都简单地列在相关年下，最后在乾隆五十年和后附《著作及版本·乐说》条下写拙作出版后我才看到。有趣的是，这些年来，对庄氏学术有兴趣的学者越来越多，但很少就其乐理研究发表略了庄氏的乐理研究。旧谱没有就这类史料展开讨论，是因为当时没有看到《味经斋遗书》中的《乐说》，就是庄存与的乐理研究。拙作旧谱已经引用此类史料，并推测文尔曼先生误将『桀』读做了『燊』，并忽我前此不曾检阅的史料。读者如想全面了解庄氏生平，只能有劳参照互证了。这次修订，增加了一点材料，湾学生书局出版。拙作出版后，我拜读了这两种著作。同样，在这次修订中，不敢据以添加两位先生看到而存与庄述祖年谱》时我也没见到这个，实在是孤陋之极。汤志钧先生的《庄存与年谱》二〇〇〇年八月在台表了《从庄存与生平看清初公羊学之起因》一文，其中第二部分是《编年事辑》，相当于年表或简谱。编《庄

二、《庄存与庄述祖年谱》。刘桂生先生在一九八三年出版的《周一良先生八十生日纪念论文集》中发来，仍令人惶惶不安。

明珠亲信对徐乾学的仇恨，和康熙帝对徐乾学等汉人大臣的戒备。表面一团和气，实际满汉之防从未稍懈，今天读一九九六年第三期刊登的据满文档案翻译的《山东巡抚佛伦密参徐乾学等劣迹满文奏折》。这个奏折再一次说明了《清实录》和《康熙起居注》中有关徐氏兄弟的记载，以及自己后来看到的一些零星材料，比如《历史档案》见孤陋之至。现在看到了这些著作，但并未摘引，以避掠美之嫌。有兴趣的读者可以参照对读。此次重订，增补了

见孤陋之至。现在看到了这些著作，但并未摘引，以避掠美之嫌。有兴趣的读者可以参照对读。此次重订，增补了《清实录》和《康熙起居注》中有关徐氏兄弟的记载，以及自己后来看到的一些零星材料，比如《历史档案》一九九六年第三期刊登的据满文档案翻译的《山东巡抚佛伦密陈徐乾学等劣迹满文奏折》。这个奏折再一次说明了明珠亲信对徐乾学的仇恨，和康熙帝对徐乾学等汉人大臣的戒备。表面一团和气，实际满汉之防从未稍懈，今天读来，仍令人惶惶不安。

二、《庄存与庄述祖年谱》。刘桂生先生在一九九三年出版的《周一良先生八十生日纪念论文集》中发表了《从庄存与生平看清初公羊学之起因》一文，其中第二部分是《编年事辑》，相当于年表或简谱。编《庄存与庄述祖年谱》时我也没见到这个，实在是孤陋之极。汤志钧先生的《庄存与年谱》二〇〇〇年八月在台湾学生书局出版。拙作出版后，我拜读了这两种著作。同样，在这次修订中，不敢据以添加两位先生看到而我前此不曾检阅的史料。读者如想全面了解庄氏生平，只能有劳参照互证了。这次修订，增加了一点材料，就是庄存与的乐理研究。拙作旧谱已经引用此类史料，并推测艾尔曼先生书误将『樂』读做了『藥』，并忽略了庄氏的乐理研究。旧谱没有就这类史料展开讨论，是因为当时没有看到《味经斋遗书》中的《乐说》，拙作出版后我才看到。有趣的是，这些年来，对庄氏学术有兴趣的学者越来越多，但很少就其乐理研究发表议论者。这次我把相关史料都简单地列在相关年下，最后在乾隆五十年和后附《著作及版本·乐说》条下写了两个概述。简而言之，庄氏的乐理研究再次证明了他在学术上秉承乾隆帝旨意，深为乾隆帝信赖，屡屡为乾隆帝利用。乾隆帝在许多方面的修养和造诣超出了同时期的汉人学者，但是他也有个人的弱点，犯过很多重大的错误，并因此改变了中国历史的发展方向。乾隆帝的乐理研究就犯了重大错误，使中国乐理的发展偏离了正确方向。而庄存与的乐理研究跟乾隆帝保持着高度一致。这个情况，对于我们认识庄氏的经学研究倾向，有重要参考价值。

三、《黄式三黄以周年谱》。拙作出版后，引起了位于定海的浙江海洋学院人文学院张嵎教授的重视，在他的努力下，浙江海洋学院成立了黄氏学术专门研究机构。他还四处勘查黄氏著作，发现了上海图书馆藏的《墩头黄氏谱》，天一阁藏的黄式三《诗音谱略》和《音均部略》稿本。在他的指挥下，我在北京为他查阅了中国科学院图书馆藏黄式三《周季编略》抄本，国家图书馆藏原署黄式三著《易传通解》稿本（实际上这是黄的学生成怀峤的著作稿本），和清华大学图书馆藏黄以周著《十翼后录》稿本。张嵎教授执著、忘我的工作热情令人感动，对推动黄氏学术研究起了至关重要的作用。在张教授的关心和帮助下，拙作黄谱在这次重订前就修订过一次。跟旧谱最大的不同是，现在这一稿，已根据《墩头黄氏谱》修正并补充了黄氏家族成员的许多基本信息，比如黄以周确切的生日。还有，基于旧谱出版后我陆续看到的史料，又有所补充。比如黄以周亲近弟子王兆芳的材料，这次重订又丰富了一些。

值此即将交工之际，再次对一直以来关心和帮助着我的各位师长、学者、朋友表示感谢。特别感谢敬爱的陈祖武先生、陈鸿森先生、罗琳先生、马文大先生、刘蔷先生、孟白先生、战葆红编辑。

王逸明 二〇一一年三月二十九日于酒仙桥

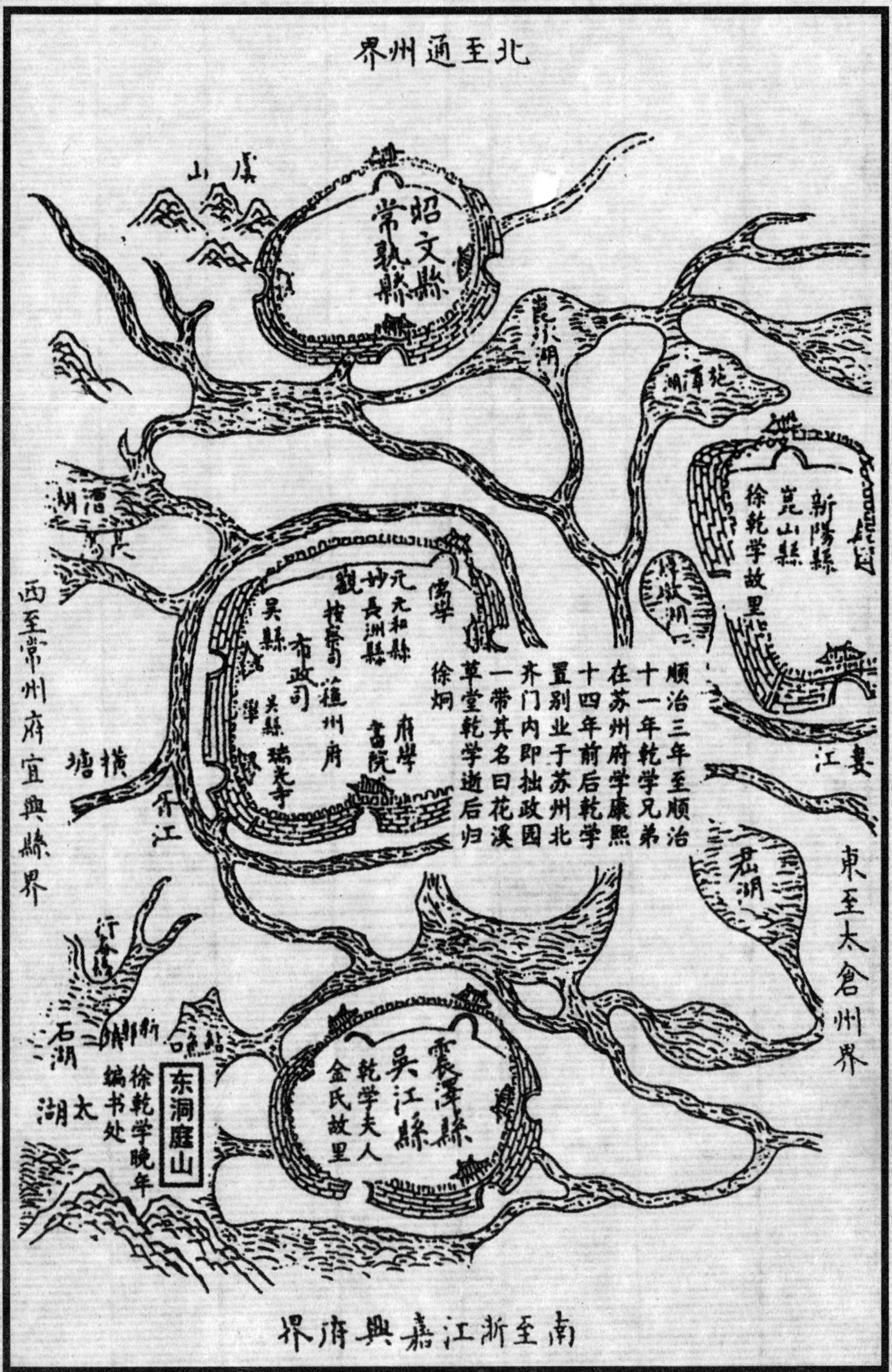

昆山与周边府县示意图（据《四库全书·江南通志》）

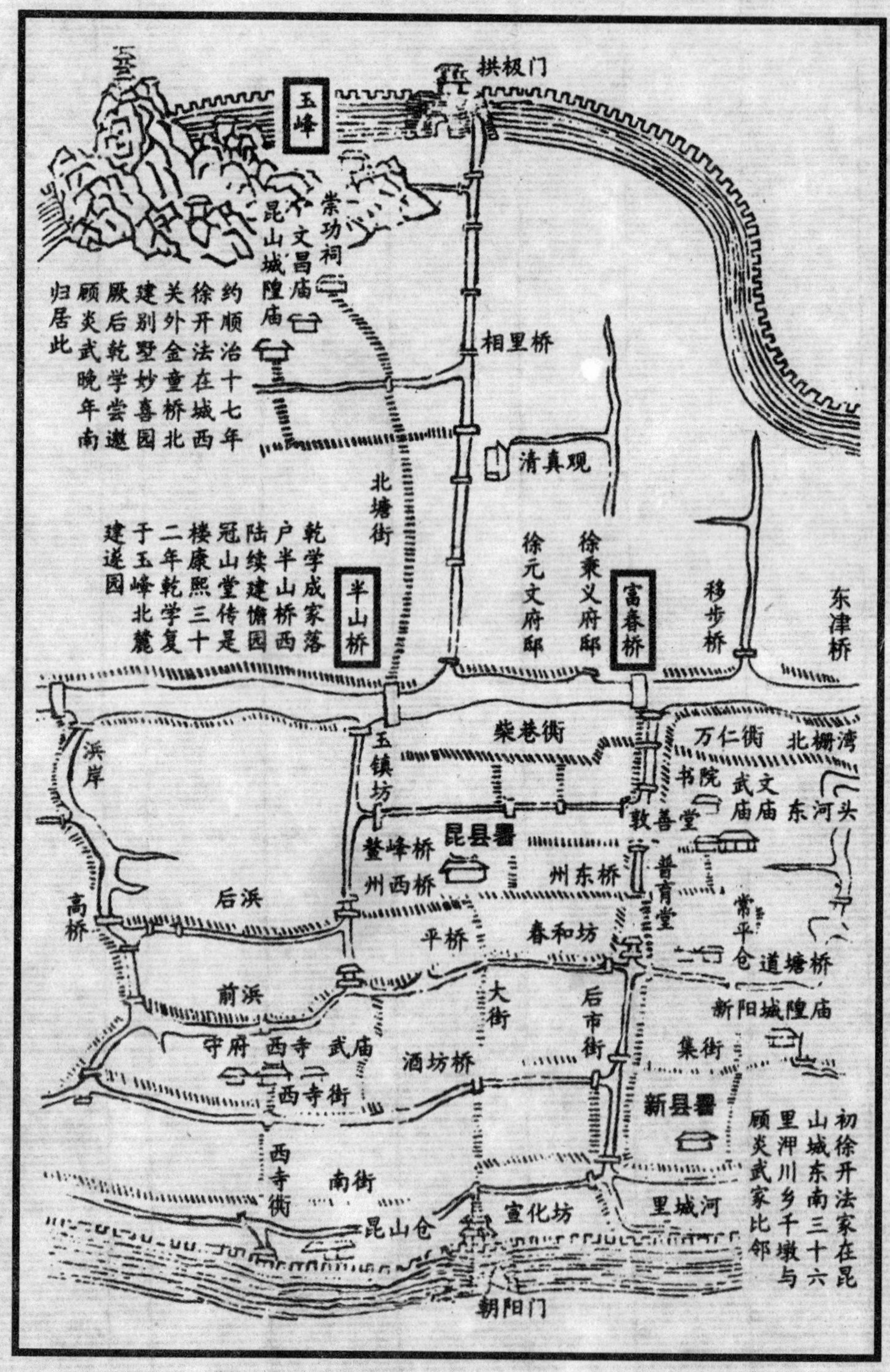

昆山新阳徐氏宅第位置示意图（据光绪《昆新合志》）

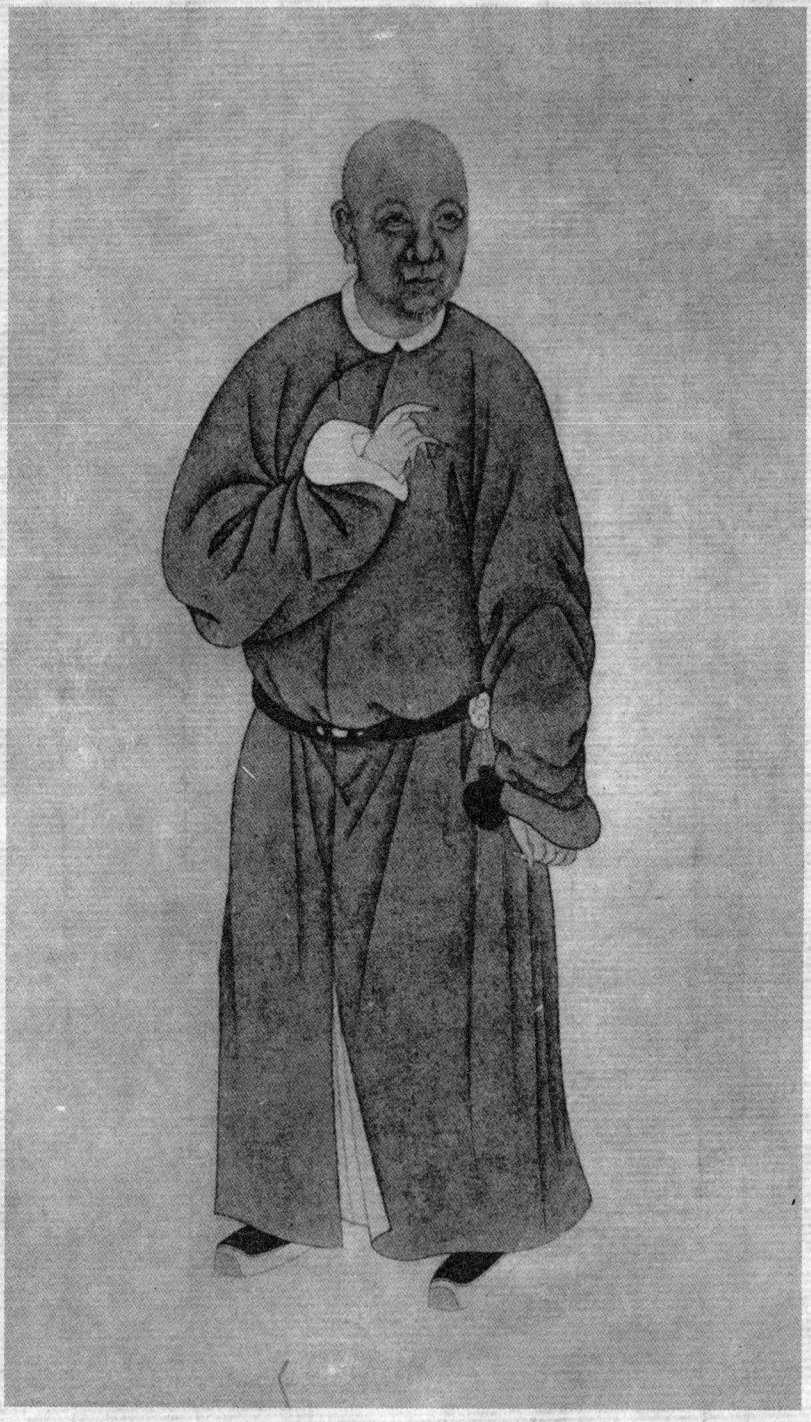

徐乾学像（选自《清代学者象传》）

徐秉义像（选自《清代学者象传》）

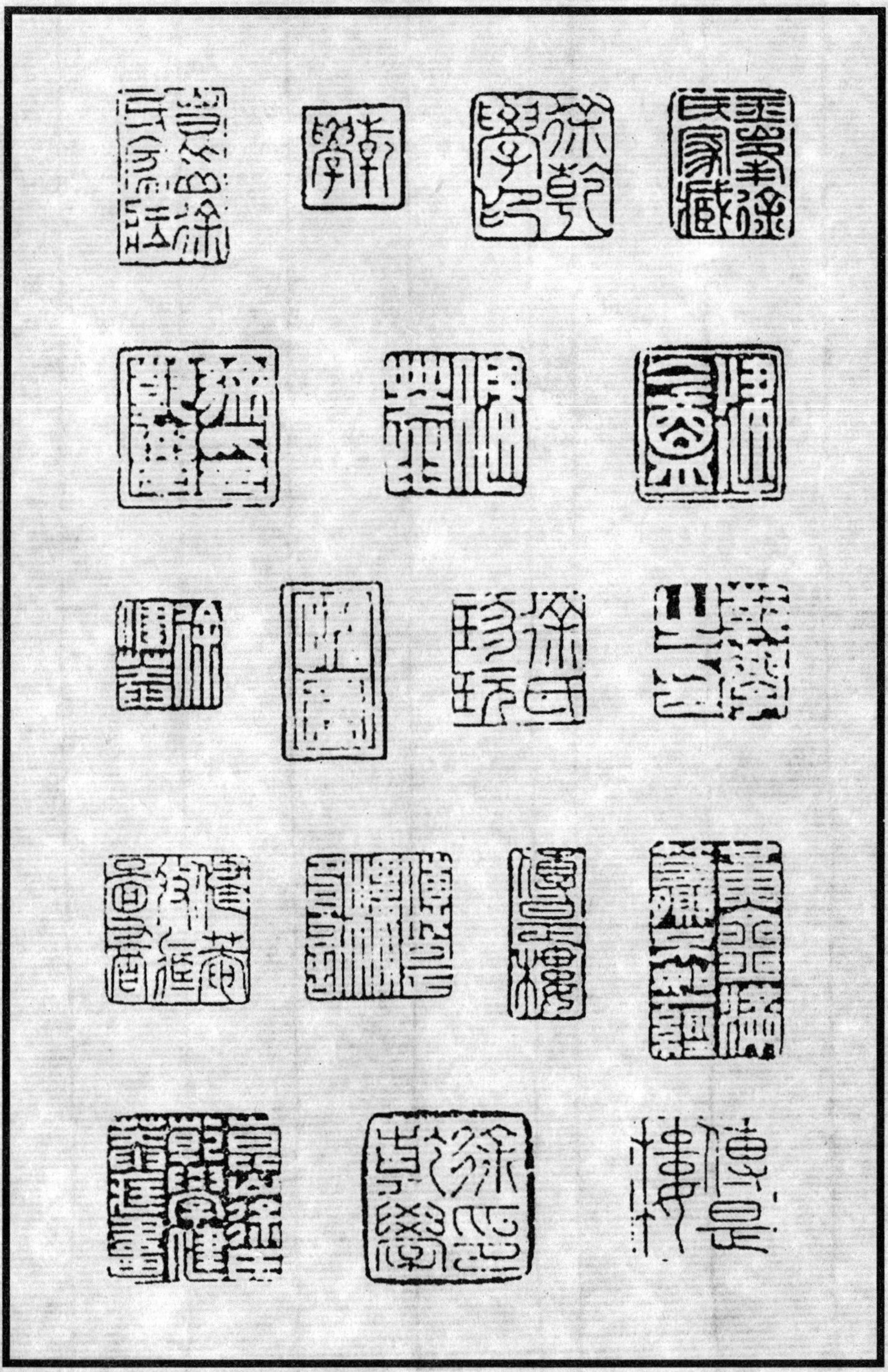

徐乾学印记（选自林申清《明清藏书家印鉴》等）

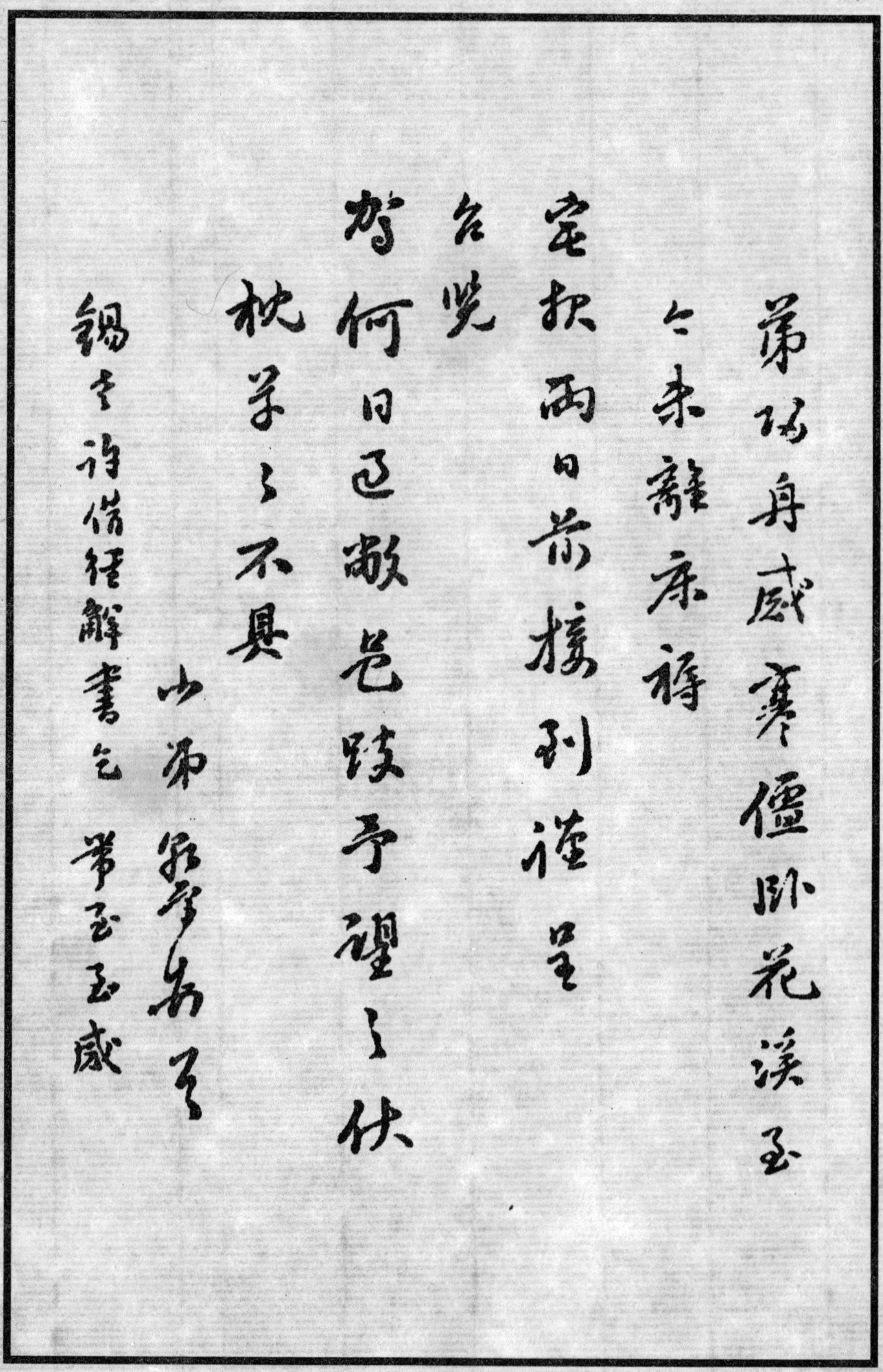

弟以舟感寒僵卧花溪，承
久未離床褥
定於兩日前接到謹呈
台覽
於何日返敝邑，跂予望之。伏
枕草草不具
小弟乾學頓首
錫之詩借經解書乞　弟丞感

徐乾学手迹（选自《昭代名人尺牍》）

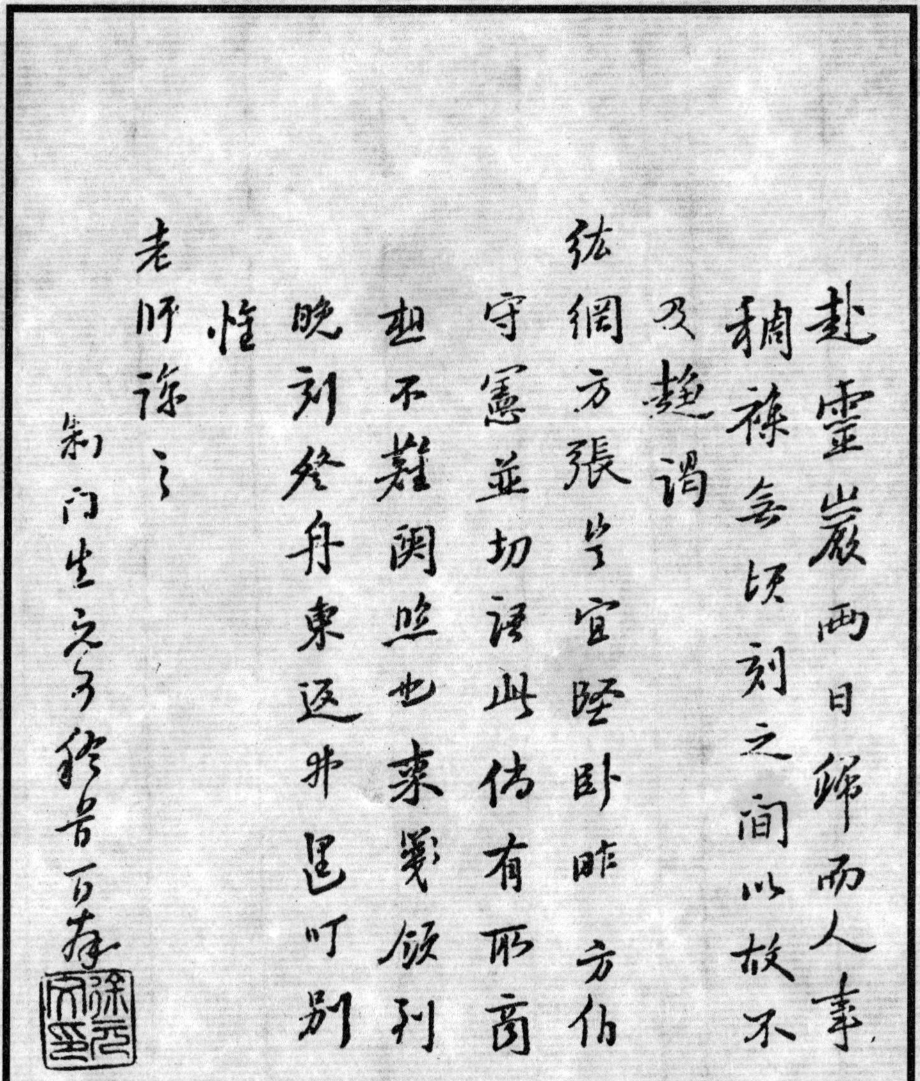

赴靈巖兩日歸而人事
稠襍無頃刻之閒以故不
及趨謁
絃綱方張岂宜堅卧昨 方伯
守憲並切語與傳有所商
想不難閱照也來箋領到
晚刻登舟東返非遑叮別
惟
老師諒之
制門生元文稽首百拜
徐元文印

徐元文手迹（选自《昭代名人尺牍》）

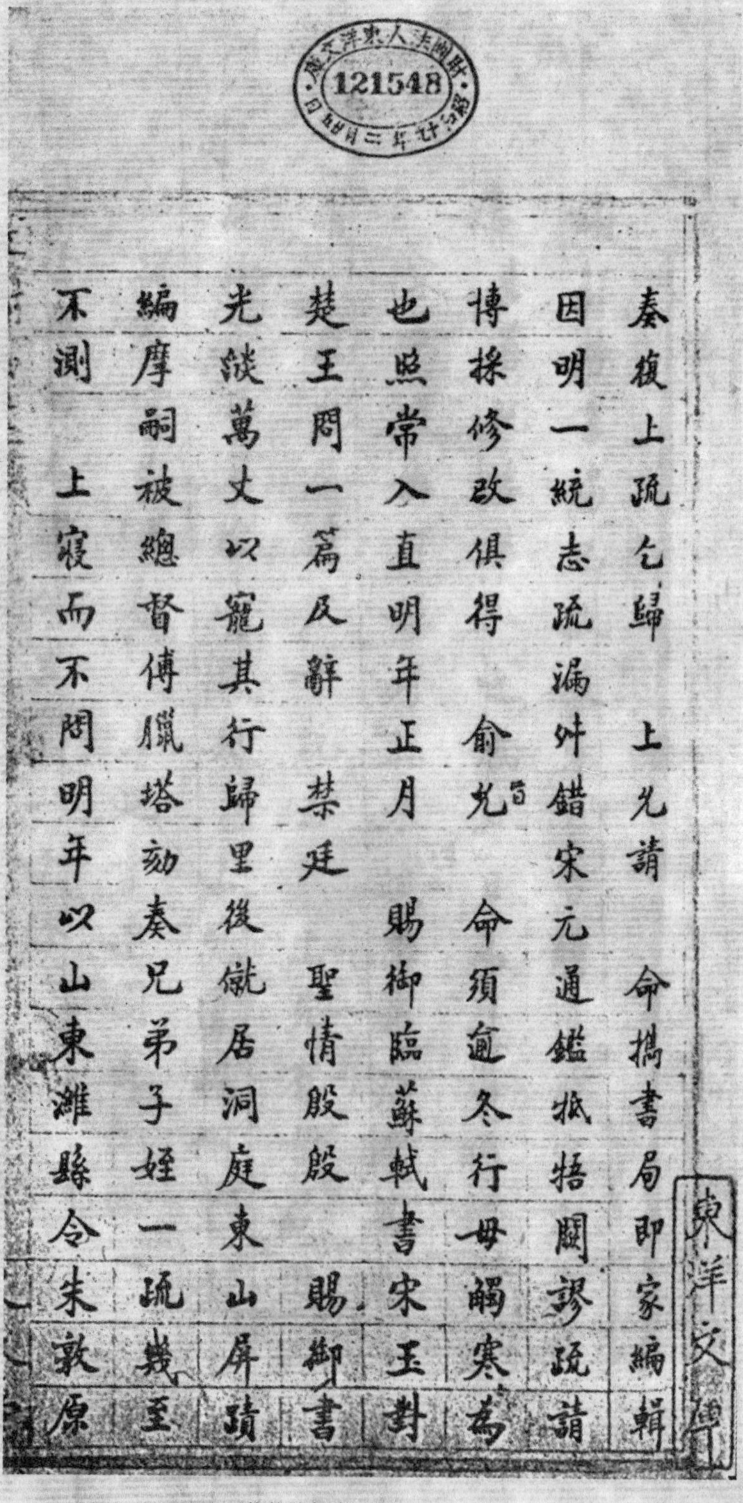
奏復上疏乞歸　上允請　命携書局即家編輯
因明一統志疏漏舛錯宋元通鑑牴牾闕謬疏請
博採修改俱得　俞允旨　命須逾冬行毋觸寒爲
也照常入直明年正月　賜御臨蘇軾書宋玉對
楚王問一篇及辭　禁廷　聖情殷殷　賜御書
光燄萬丈以寵其行歸里後僦居洞庭東山屏蹟
編摩嗣被總督傅臘塔劾奏兄弟子姪一疏幾至
不測　上寢而不問明年以山東濰縣令朱敦原
121548
東洋文庫

《徐乾学家谱》首页

嵩山孫乾學年譜稿

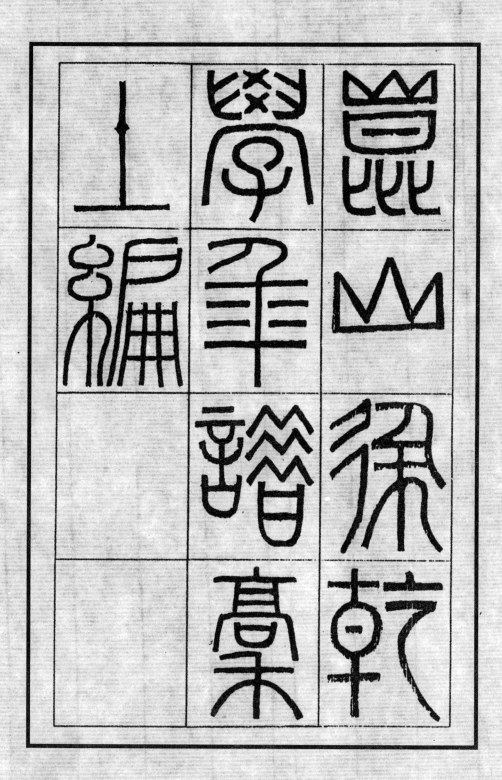

上編

昆山徐乾学年谱稿 上编

明崇祯四年 辛未 1631 徐乾学一岁

徐乾学先世居江苏常熟，自九世祖徐良始迁居昆山。良三传至申，申生一元，一元生汝龙，汝龙生应聘，应聘生永美。永美为乾学祖，娶上海潘氏，工部尚书季驯孙女。生二子，二女。长子徐开法，即乾学父，十七岁娶同邑顾同应女顾氏，顾炎武胞妹。继娶程氏。次子号弦佩公，名、字待考。娶同里朱日燦女。二女均为开法姊。一适昆山顾锡畤子顾鋆，一待考。

乾学父开法字慈念，号坦斋，生于明万历四十二年（1614）。徐乾学《憺园文集》（后简称《憺集》）卷三十三《皇清敕封儒林郎翰林院修撰先考坦斋府君行述》（后简称《先府君行述》）：

『府君讳开法，字慈念，别号坦斋。先世朴庵公讳良，力农成家，居昆山之墩上，再迁溢渎村，为吾徐氏始祖。府君五世祖刑部主事南川公讳申，弘治甲子（弘治十七年。引注。）举人，任蕲水、上饶知县，举卓异，为刑部主事。以争寿宁侯狱廷杖，事载国史。刑部生交河主簿在川公讳一元，尝在严文靖公幕。为草《蠲粮疏》，得请，全活百万人。江南人至今称之。交河生封翰林院检讨凤池公讳汝龙。汝龙生万历癸末（万历十一年。引注。）进士、太仆寺少卿端铭公讳应聘，即府君之大父也。太仆端方高洁，自史官历任卿寺，为时名臣。府君生三岁（在万历四十四年。引注。）而太仆殁于京师。府君之考，太学含孺公讳永美，中乙卯（万历四十三年。引注。）副榜，蔚然儒宗。执太仆丧，毁瘠骨立，逾年而卒。时府君甫四龄也。妣潘孺人，为上海光禄丞讳元升女，性至孝，抚孤成立，备尝苦辛，邑中皆称节孝徐母……府君少英敏，读书辄数行下。十二属文，落笔辄惊长老。潘孺人每色喜曰「是必兴徐氏」。两姑嫁时府君方童子，佐潘孺人经纪周悉，与叔父弦佩（开法弟。引注。）疾痛痾痒，交相怜惜。同邑宗伯顾公（顾锡畴。引注。）尝曰「今之颜含、庾衮也」。十五补博士弟子，即有声庠序，从茅君兰、胡秋卿二先生游……十七娶吾母顾安人，十八而生乾学……吾母固巨室，舅氏都有才华。姑适顾宗伯长君宪副諟明，（顾锡畴子顾鋆，字諟明。引注。）时并膴厚。然府君坐间极多寒士，与秋卿先生及陆孝廉锡其（即陆嘉胤。引注。）为文字之会，相切劘甚力。』其中叙及徐一元，乾隆十六年刊《昆山新阳合志》（后简称《昆新合志》）卷二十二有传。严文靖公即严讷，官至武英殿大学士，谥文靖。有《严文靖公年谱》。徐应聘，《昆新合志》卷二十一有传。乾学祖母潘氏二十九岁寡，崇祯十六年以五十五岁卒。乾学母顾氏，《昆新合志》卷三十三有传。王冀民《顾亭林诗笺注》：『乾学母为顾炎武第五妹。』顾鋆，光绪六年刊《昆新两县续修合志》（后简称《昆新续志》）卷二十四顾锡畴传：『子鋆，字諟明，以荫官海南副使。』陆嘉胤与徐开法为儿女亲家，开法长女嫁嘉胤子陆最。

乾学母顾氏，为顾炎武妹，生明万历四十四年。《憺集》三三《先妣顾太夫人行述》（后简称《先妣行述》）：『吾母年四岁能属对、诵唐诗，宾瑶公（即顾同应，号宾瑶。乾学外祖父。引注。）抚之喜曰「惜哉不为男子」。宾瑶公即世，何夫人（顾同应妻。引注。）怜爱吾母，教以诗书，及工组紃之事，无不精晓。年十五归先大父（指徐开法。引注。）赠侍郎公，事先王母潘夫人先意承颜，孝谨备至。」

开法家初在昆山城东南三十六里千墩浬川乡，与顾炎武家比邻，后迁至昆山城西关外。张穆《顾亭林先生年谱》：「千墩在城东南三十六里浬川乡……先生家与徐健庵比邻，见《憺园集·舅母朱孺人寿序》。（另见本谱崇祯九年、十三年、顺治二年所引。引注。）穆按，《苏州府志·昆山县·第宅园林》内载：妙喜园在西关外，金童桥北。初为严氏园，徐坦斋营为别墅。荷池竹圃，踞西郊之胜……徐氏鼎盛后，父子兄弟各营第宅，不复与顾氏为邻矣。厥后健庵兄弟欲迎先生南归，以别业居之，殆指金童园亭欤。」妙喜园约为徐开法建于顺治十七年。

十一月二日，西历11月24日，徐乾学生于昆山千墩。父开法时年十八岁，母顾氏十六岁。舅氏顾炎武十九岁。

乾学字原一，号健庵、东海。韩菼《有怀堂文稿·资政大夫经筵讲官刑部尚书徐公行状》（后简称《徐乾学行状》）：「公讳乾学，字原一，号健庵。生于有明崇祯四年十一月初二日。」《国朝耆献类征初编》卷五十七《徐乾学》：「又号东海。」

明崇祯五年 壬申 1632 徐乾学二岁

明崇祯六年　癸酉　1633　徐乾学三岁　徐秉义一岁

六月　十八日，乾学弟秉义生。《徐乾学家谱》（后简称《家谱》）：『秉义……字彦和，号果亭……崇祯癸酉六月十八日生，康熙（原文误为嘉庆。引注。）辛卯（康熙五十年）正月十九日卒。寿登七十有九。』《昆新合志》卷二十一第二十二页有秉义传。

明崇祯七年　甲戌　1634　徐乾学四岁　徐秉义二岁　徐元文一岁

九月　二十八日，乾学弟元文生。韩菼《有怀堂文稿·资政大夫文华殿大学士户部尚书掌翰林院事徐公元文行状》（后简称《徐元文行状》）：『元文字公肃，别号立斋……公之生也，以明崇祯七年甲戌九月辛巳。』

明崇祯八年　乙亥　1635　徐乾学五岁　徐秉义三岁　徐元文二岁

徐开法约于本年入辟雍，旋因避家难南游，前后七年馀。家道中落。南游间尝应书贾请，为编选制艺教材刊行。《先府君行述》：『是时府君声称籍甚，顾屡入乡闱不遇，旋援例入辟雍，家渐落。亡何家难倏起，为酷吏所罗织，几不测。赖伯父中允念修公（徐开禧。引注。）营救得免。府君由是历钱塘、过严滩、陟三衢、游豫章。如金溪许亦旦、南昌陈士业，及萧孝廉元声、龚大行佩潜订交最欢。金溪许湾书贾慕府君名，求选制义，锓版以行。评论精当。遐方楚粤争购之，纸为之贵。』徐开禧为开法族兄。明天启元年，与顾贞观父顾枢同年成举人。《昆新合志》卷二十五《徐应时传》附有开禧事迹。《先妣行述》：『先大父（指徐开法。引注。）好交游、结宾客，文酒之会无虚日。吾母洁治杯匜，往往旰食……先大父屡失利场屋，家道替落，门户多累，外侮内讧。遭酷吏，几不测。吾母以一女子竭诚营解，心力俱瘁，卒得免于难。』

乾学妹徐氏生。后适陆最。韩菼《徐元文行状》云元文有妹嫁陆最。

明崇祯九年 丙子 1636 徐乾学六岁 徐秉义四岁 徐元文三岁

乾学启蒙，居外祖家。《憺集》二四《舅母朱太孺人寿序》：『予家与外祖家比邻，少时起居外祖母何夫人。』母延师以教，并亲为教授。《先妣行述》：『先大父（指徐开法。引注。）数游豫章闽越及诸邻郡，徭赋逋责之事，百端交集。吾母一身仔肩，延师课乾学兄弟，束脯必极丰。当岁祲谷贵，吾母日咽麦饭，不使诸儿知，而令诸儿侍师食，食必腆洁……吾母自纺织以及女红针指，无不手自为之。岁耕瘠田若干亩，以时播种耘获，常亲诣沟塍，督村僮力作。筑场纳稼，寒风淅沥，夜分不肯休……吾母课乾学兄弟至严，所读书必复校背诵，丙夜未尝先寝。遇师他出，即亲为教授，并讲说书史及士人立身行已大节。乾学兄弟寝共一榻，吾母数于牖外詗听，若谈论经书文艺则色喜，或闲语博塞游戏事即怒甚，召起切责，或加夏楚。吾母衣裙多带管钥，恐不孝兄弟觉，辄手执以往，勿令有声。』

乾学二妹生。后适申樾。

明崇祯十年　丁丑　1637　徐乾学七岁　徐秉义五岁　徐元文四岁

乾学入家塾。族前辈徐开任、徐开禧、顾锡畴等先后执教。《昆新合志》卷二十八有徐开任传，称其为名诸生，与吴伟业、朱鹤龄交，所辑《明臣言行录》为黄宗羲所赏，『当开任时，群从门第，声华甲天下。而开任独淡泊如寒素。』卒年八十五。邓之诚《清诗纪事初编》有徐开任小传：『开任字季重……昆山三徐科名鼎盛，开任与其父为同祖兄弟，独标高节……撰《愚谷诗稿》六卷，载诗迄康熙九年，当即其时所刻，开任年已七十有一矣。卒年俟考……开任年辈与顾炎武相若，独不相知，未得其解，岂以开任厚于叶方恒耶？』若邓言康熙九年开任七十一岁，则其当于康熙二十三年以八十五岁卒。又《昆新续志》卷四十八有《朱用纯听松图后记》，记开任与朱用纯、叶奕苞、万斯同等燕集事，知其与朱用纯交亦厚。顾锡畴为昆邑名宦，屡被魏党参劾。此时革职里居，赋闲三年，后再起为明礼部尚书。

明崇祯十一年　戊寅　1638　徐乾学八岁　徐秉义六岁　徐元文五岁

秉义、元文相继入昆山家塾。乾学始作文，为顾锡畴所知。韩菼《徐乾学行状》：『公生而颖异，八岁而能文，为顾尚书锡畴所知。』

明崇祯十二年　己卯　1639　徐乾学九岁　徐秉义七岁　徐元文六岁

乾学兄弟在昆山家塾。

明崇祯十三年　庚辰　1640　徐乾学十岁　徐秉义八岁　徐元文七岁

乾学兄弟在昆山家塾读，与舅氏顾纘、本年二十岁。从兄徐履忱本年十二岁。磨磋切问，尝同顾纘应童子试。徐乾学《憺集》二四《舅母朱太孺人寿序》：『舅氏五人，皆有才。长遐篆，（顾缃。引注。）以天下多故，好言兵事，举癸酉（明崇祯六年。引注。）乡试，一上公车而卒。次宁人，（顾炎武。引注。）出嗣从叔父。次子岩，（顾纾。引注。）以目眚别居。惟少子子叟、（顾纘。引注。）子武（顾绳。引注。）在何夫人左右。子叟舅娶朱夫人，同邑参政（朱日燦。《昆新合志》卷二十二有传。引注。）女，与予叔母（即弦佩公夫人。引注。）同产，端正和顺，甚得何夫人意。何夫人性严重，常竟日不言，独爱读书，与予外孙辈育述经史，即輾然色喜，尝呼予语曰「惜外祖不见汝。汝舅子叟颇知文史，盍往质焉？」子叟舅长予十岁，顾屡困有司，尝与予应童子试，试出命舅母以饼饵食予，为予叙先世黄门公之直谏、司马公之政术、宫赞公之文学。（诸公皆顾家先世。引注。）慨然曰：「吾先世家声煇赫，先君以盖代才无禄即世。吾年已二纪，寥落如许，负慈母之拳拳，其何能不悲？」言讫泪下如雨。』按，顾纾字子岩，『以目眚别居』。顾氏一族，眼疾遗传。顾炎武亦患眼疾。乾学四十一岁得白内障。见本谱康熙十年。《儋集》十九《家兄孚若诗集序》：『予与家兄孚若（徐履忱。引注。）为再从昆弟，伯母顾夫人即吾母之姊。予童时每与兄同过外王母家，比群从游处更密。兄长予二岁，九龄能作诗歌小赋，谈述经史，滚滚可听。犹忆一日，会葬外王父毕，泛舟巴城湖，过黄幡绰墓，兄左手持巨觥，右手操笔作七言长歌，顷刻立就，坐中诸君无不頫首屈服，其才思敏捷如此。外王母何夫人知书，有识鉴，每抚兄与予曰：「杨恽为史迁之外孙。魏舒城，宁氏之宅相。老年属望，惟汝二人。」予是时亦略通文史，然不逮兄远甚。壬、癸（壬午、癸未，即崇祯十五、十六年。引注。）间，兄在黉序，声名益起。』钱邦彦《校补亭林年谱》万历四十一年：顾炎武『女兄三，长适徐，为履忱之母。』同谱康熙十一年：『徐履忱，字孚若……司寇乾学从兄，亦先生甥也。』《昆新合志》卷二十五有徐履忱传：『康熙八年入成均……年七十二（当在康熙三十九年。引注。）卒。』又，乾学《家兄孚若诗集序》所言『葬外王父毕』徐履忱作七言长歌事，张穆有疑，记于其所撰《顾谱》后附。顾同应卒于明天启六年，时履忱未生。

明崇祯十四年　辛巳　1641　徐乾学十一岁　徐秉义九岁　徐元文八岁

乾学兄弟在昆山家塾读。

明崇祯十五年　壬午　1642　徐乾学十二岁　徐秉义十岁　徐元文九岁

乾学兄弟在昆山家塾读。《昆新合志》卷二十一徐秉义传：秉义『十岁攻举子业。初名与仪，补太仓诸生。」

明崇祯十六年　癸未　1643　徐乾学十三岁　徐秉义十一岁　徐元文十岁

乾学通五经，所作诗文尝为塾中之范。韩菼《徐乾学行状》：乾学『十三而通五经，尝赋《苏台怀古》及《宝剑篇》《丙魏优劣论》，伯父中允公开禧亟赏之，置几案以勉群从子弟。』

乾学祖母潘氏卒。父徐开法还家丁艰。《先府君行述》：『癸未还家，丁潘孺人艰。时家益贫落。丧礼务厚，吊者大悦。』《先妣行述》：『潘夫人殁以癸未岁，吾母摧痛，几不能生，一切后事必诚必信。』《昆新续志·冢墓》：『赠刑部尚书徐永美暨妻旌节赠太夫人潘氏墓在元区六图大濆浦阴圩。子赠刑部尚书开法祔。（吴伟业《志》，熊赐履《神道碑》。原注。）开法妻封太夫人顾氏合葬。（叶方蔼《志》，魏象枢《神道碑》。原注。）』

明崇祯十七年
清顺治元年　甲申　1644　徐乾学十四岁　徐秉义十二岁　徐元文十一岁

自北向南，清渐替明。

乾学父开法被明臣荐为明经，尝上书南明朝廷，条陈数十事，未果。《先府君行述》：『值申、酉之会，四方鼎沸，东南建牙开府者甚多，府君用特荐为明经，角巾儒服，条上便宜数十事，如开屯岛屿、募练乡勇诸议，皆可见施行。然知时不可为，亟归。杜门称病，虽缥帛交错弗应，人服先几之哲焉。」

顺治二年　乙酉　1645　徐乾学十五岁　徐秉义十三岁　徐元文十二岁

乾学兄弟随母避居张浦。

七月　六日，昆山城为清军攻占。乾学外祖母何氏被斫右臂，两舅罹难。舅母朱夫人乞殉未遂。俱见《校补亭林年谱》。《憺集》二四《舅母朱太孺人寿序》：『岁在乙酉，王师南下，众议登陴守御，纷纷挈家避出。何夫人曰「老嫠妇必死于此」。两舅与舅母俱不敢去。未几城破，两舅并遭难。舅母朱夫人知事急，引刀刺其喉，气息才属，僵卧瓦砾中，死者累累。何夫人守妇尸弗去，曰「新妇死于是矣。」俄游骑过，斫何夫人，右臂损折。久之，何夫人得甦，起觅其姑，悲不自胜。手裂旧襦，为姑裹缠重伤，复自塞其颈，相抱匿庑下破屋以免。越日，扶掖登舟出城。外祖母尝称「孝妇」、「孝妇」云。是时先太夫人与吾从母并迎养外祖母，舅母携襁褓二子一女归参政（朱日爕。引注。）家。参政公病，衣不解带者经年。复又筑数椽迎养何夫人，送往事居，并合礼节。教二子达夫、（顾洪善，字达夫。乾学表兄弟。引注。）来白，（名不详。引注。）皆有声乡校。达夫丙辰（康熙十五年）登进士，官中书舍人。』又，《昆新合志》卷三十三：『庠生顾缵妻朱氏，参政日爕女。缵罹乙酉之难，氏引刀自刺……绝而复苏。嗣后独居一室，课子洪善成进士……卒年七十四。』

徐开法有悯救难妇义举。《昆新合志》卷三十八：『顺治乙酉，李国栋率兵至城（昆山。引注。）下，掳掠妇女百馀，寄小澞徐开法斋中，经略松江。徐开钥谓妇女曰：「生死在旦夕，汝等各自为计。有李将饭赀千金助尔还家。各报地方姓氏，驾舟返故乡。」一难妇叩头感泣。宅为一空。即四围烈火焚之，顷为焦土。国栋还，开法索其值，给数千金创建。后三子俱登鼎甲，科第连绵，人以为阴德之报。』

避难张浦期间，母顾氏教乾学读。《先妣行述》：『兴朝鼎革之会……先大父（指徐开法。引注。）往来云间、吴门。吾母提挈三子一女避乱高巷、张浦间……张浦，穷村，一室仅方丈，矮屋柴扉，昼昏如夜。吾母教乾学兄弟读《史》《汉》、古文不辍。』**后徐开法潜回，亲授乾学等课业。**《先府君行述》：『本朝定鼎，府君绝意进取，惟课督乾学等焚膏继晷……选古今文辞，手自缮写，令乾学等诵习。乾学初操觚为文，一脱稿，先呈府君。稍不当意，即加垂挞，不少宽贷。每赴小试，府君待棘门外，出即令诵试作，未甚纰缪即心喜，否则对众呵责……又尝旁搜故实及宇内志乘……自洪、永（指明洪武、永乐年间。引注。）以来甲乙二榜搜讨至备，皆亲自抄录。』

本年前后，陈瑚本年三十三岁。**避居昆山。**《昆新合志》卷二十九《游寓》：『明亡，（陈瑚）遂奉父避居昆山之蔚村，力耕以养……仿白鹿洞规，与诸士伊辈讲小学、《大学》、《易》学，定日记考德法，归本于迁善改过、致知力行。吴、（苏州。引注。）娄（太仓。引注。）之间，从之游者常数十百人。』**顾湄**本年约十七岁。**或自本年师事陈瑚。**徐世昌《清儒学案》卷三十三《健庵学案·健庵交游》一节列有顾湄。后康熙十二年顾湄曾为徐乾学编校《通志堂经解》，并教徐乾学诸子读。《清儒学案》称『顾湄字伊人，太仓人……又从陈瑚游，讲学。』而徐乾学、陈瑚关系待考。

顺治三年 丙戌 1646 徐乾学十六岁 徐秉义十四岁 徐元文十三岁

乾学兄弟居张浦，从父母学。

陈昌言督学苏松，《四库全书·江南通志》五一〇·五一三：『陈昌言，山西人，进士，顺治二年任苏松。』**选乾学补郡诸生，入苏州府学。**《憺集》二十四《陈太翁寿序》：『泽州侍御陈先生（陈昌言。引注。）国初督学吴中。时予方稚齿，先生最赏其文，规其远大。补郡诸生后二十有五年，予以词曹后进谒先生从子、今尚书悦岩公，（即陈廷敬，陈昌言从子。康熙九年徐乾学中进士时，陈廷敬为侍讲学士。前推二十五年，即在今年。引注。）一见欢若平生。又十有馀年，而予仲子炯举礼部，出公之门，（徐炯康熙二十一年成进士，时陈廷敬为会试考官。引注。）父子再世受知，以为深幸。』又，王直湘编《国朝昆新青衿录》本年：『陈宗师科试（宗师名昌言，号道庄，山西泽州人。原注。）……附外学一名：徐乾学，原一，长洲籍。府拔。』所谓『外学』，约指此时乾学占籍长洲县学。

乾学与太仓黄与坚本年二十七岁。**订交。**《憺集》二十一《黄庭表文集序》：『始余在家塾，闻娄东诸先生以经学倡起。黄君庭表，（即黄与坚，顺治十六年进士，以奏销案诖误。康熙十七年乾学荐应博鸿试，授编修。引注。）弱冠有名，尝以试事至吾邑，余一识之。其后，余补博士弟子员，与四方士往还，因得交于庭表……既而与余同贡入太学，（在顺治十一年。引注。）日益有声，未几成进士。』

元文往长洲，从尤侗本年二十九岁。**游。**尤侗《悔庵年谱》：『元文年十三，来从予游。』后顺治八年元文娶尤侗好友、长洲汤传楹女。汤传楹字卿谋，卒于崇祯十七年。乾隆三十四年刊《长洲县志》卷三十三有汤传楹传。《悔庵年谱》崇祯十七年：『六月，忽闻汤卿谋病殁。越宿，丁夫人亦亡。予与卿谋情好素笃……乃抚其孤子阿雄，许以婚姻，刻其遗集《湘中草》。』或本年尤侗代汤传楹许女元文。

顺治四年 丁亥 1647 徐乾学十七岁 徐秉义十五岁 徐元文十四岁

秉义、元文成庠生，入苏州府学。《家谱》：『秉义……年十五，冠郡邑试，补庠生……元文……顺治丁亥，年十四，应童子试，冠军。补长洲庠生。』《先妣行述》：『乾学既补弟子员，次年秉义、元文同入学宫。吾母佐先大夫督课弥严，所作制举业，常亲自披览。每赴试金陵，斧资乏缺，贷重息以俶行装。』《国朝昆新青衿录》本年：『苏宗师名铨，号次公，直隶交河人。岁试按临昆山……附外学二名：徐与仪，果亭，太仓籍。改名秉义。陆元文，立斋。长洲籍。复姓徐。』

乾学兄弟与江南名士宋实颖、本年二十七岁。**宋德宜、**本年二十二岁。**彭珑、**彭定求父。**缪彤**本年二十一岁。**等相交，在苏州发起沧浪会。**《先妣行述》：『吴门、梁溪、娄东数有文会，不孝兄弟厕游其间。敝居小濮之浦，宾客过从，吾母多方拮据，饮馔丰富，人不知为贫家者。』《昆新续志》卷二十四《徐秉义传》：『郡城盛文社，长洲宋实颖、德宜、彭珑、吴县缪彤皆社中领袖，雅推重秉义兄弟，自是三徐之名闻远近。』

昆山余国柱、马云举本年成进士。余国柱字石臣，《昆新合志》卷二十二有传。此非日后徐乾学政敌之余国柱。彼余国柱为湖北大冶人，顺治九年进士。惟《清代职官年表》人名录称彼余国柱字『两石，石臣。』居然字亦相同，颇觉可疑。马云举后为秉义岳父，见本谱顺治七年条。

顺治五年　戊子　1648　徐乾学十八岁　徐秉义十六岁　徐元文十五岁

乾学兄弟在苏州府学，尝赴南京应乡试。张慧剑《明清江苏文人年表》据《冠月楼集序》云：『泰兴季开生、昆山徐乾学、徐元文等争赴金陵，应清廷所举乡试。』季开生（1627-1659）字天中，号冠月，江南泰兴人。著名藏书家季振宜兄。顺治六年进士。顺治十二年因质询朝廷买扬州女子充后宫事，流放尚阳堡而死。《清史稿》有传。

顺治六年　己丑　1649　徐乾学十九岁　徐秉义十七岁　徐元文十六岁

乾学兄弟在苏州府学。

顺治七年　庚寅　1650　徐乾学二十岁　徐秉义十八岁　徐元文十七岁

乾学兄弟在苏州府学，尝赴嘉兴南湖十郡大社，结识吴伟业、本年四十一岁。陆圻、本年三十八岁。曹尔堪、本年三十四岁。毛奇龄、本年二十八岁。计东、本年二十七岁。

朱彝尊 本年二十二岁。等。杨谦《朱竹垞先生年谱》本年据毛奇龄《骆明府墓志》云：『骆姓讳复旦……尝同萧山毛甡（毛奇龄。引注。）赴十郡大社，连舟数百艘，集于嘉兴南湖。太仓吴伟业、长洲宋德宜、实颖、吴县彭珑、尤侗、华亭徐致远、吴江计东……无锡顾宸、昆山徐乾学、嘉兴朱茂旸、彝尊、嘉善曹尔堪……杭州陆圻，越三日乃订交去。』彭绍升《二林居集·故文华殿大学士徐公事状》：元文『与吴中诸名士为社，曰「慎交」，以继东林、复社，时论归之。』尤侗《悔庵年谱》本年：『予与彭、宋、计甫草东举慎交社，七郡从焉。』

乾学约于本年娶金氏，吴江金允治女，本年十六岁。《家谱》：乾学『配长洲金氏，晋江县儆敏公讳廷枢孙女，太学生际熙公讳元治女……崇祯乙亥（八年）九月十五日生。』金元治本名金允治。《家谱》后出，为避允字讳，改写为元治。见下引。韩菼《徐乾学行状》：乾学『配金夫人……贤明有法度，克佐公，诰封夫人。』《先府君行述》：『乾学……娶金氏，癸未进士、晋江知县际生公讳允治侄女，太学际熙公讳允治女。』《先妣行述》：『长不孝娶金氏，吴江文学际熙公女。封安人。』金允治为明崇祯十六年三甲第二五二名进士。乾隆十二年修、民国石印本《吴江县志》卷三十七《别录》第五十五页：『金允治，邑诸生。因讼叔父冤，为冤家所陷，系狱三年。潘兵部有功救之，得免，携入都。崇祯庚午（崇祯三年。引注。）顺天试，许锦衣卫子弟预交场额中三名，盖特典也。允治遂昌锦衣籍得中，同举者高岱、余世灏，皆南人。典试则姚文毅公希孟。给事中王猷相，体仁党也，即疏究希孟私庇乡里，并嗾诸勋卫同词讦奏。将中以危法，得旨复试御殿。午朝后命题，申初撤卷，其拈题属文止未时片刻。岁末严寒，风沙坌集。高、余皆以脱稿未竟遣戍。允治独立献三艺，辞藻斐然，谕旨称赏，名动京师。姚亦

精以天恙。」又，乾隆三十年刊《晋江县志》，金九治各列《官守志·知县》崇祯年最后一名，名下小字
任「以木洲进士，崇祯年任。」当于崇祯十七年任。

乾学落户昆山半山桥西。后陆续建筑园、冠山堂、传是楼等。《昆新合志》卷十二第十七页：「徐乾学第在（昆山）半山桥西，有冠山堂。复构传是楼，聚书数万卷于其中。汪琬记之。后有园名锄园，中有怡颜堂、看云亭，清景幽胜。」传是楼约建于康熙十六年。

顺治八年 辛卯 1651 徐乾学二十三岁 徐秉义十九岁 徐元文十八岁

乾学兄弟在苏州府学。

秉义约于本年娶吕氏。本年十六岁。昆山吕云举女。《家谱》：「秉义……配同邑吕氏，顺治丁亥（四年）进士、山西河曲县知县汉翔公讳云举女……崇祯丙子（九年）十一月二十二日生，康熙乙亥（三十四年）九月十三日卒。」同治十一年重刊《河曲县志》卷四第八页「知县」：「吕云举，号畴孙，江南昆山县人……顺治四年任，才美自负，重修县志，山水登临……值姜乱去。」

乾学妹徐氏 本年十六岁。约于本年嫁陆景。《先府君行述》：大妹「适陆景，邑庠生，系壬午（崇祯十五年）举人锡其公讳嘉胤女。」

顺治九年 壬辰 1652 徐乾学二十四岁 徐秉义二十岁 徐元文十九岁

乾学兄弟在苏州府学。

元文约于本年娶沈氏，本年十六岁。末详沈伟盛女。《家谱》：‘元文……配沈氏，壬戌（明天启二年）进士，刑部主事炎州公讳本肃孙女，庠生卿谋公讳伟盛女……崇祯戊寅（十一年）二月初七日生，康熙戊子（四十七年）八月十八日卒。寿登七十有一。’时沈伟盛已故。见本谱顺治元年、三年。

乾学二妹 本年十六岁。嫁吴县申穟 本年十九岁。《先妣行述》：‘二妹，适吴县辛丑（顺治十八年）进士，礼部祠祭司主事加一级申穟，系中书舍人、封礼部主事孝观公（申縯芳。引注。）子。’汪琬《尧峰文钞·广西提学道佥事申君墓志铭》：‘君讳穟，字叔旃，其王父即通奉公（申用嘉。引注。）也。父讳某（申縯芳。引注。），通奉第三子，以文定公（指申用嘉父、縯芳祖。名时行。引注。）荫，崇官内阁中书舍人……君（申穟。引注。）自少颖悟，虽不废游嬉，而未尝干记诵。甫弱冠，善属家国之文。’

十二月二十四日，乾学长子徐树穀生。《家谱》：‘树穀……字艺初，号以约……顺治壬辰十二月二十四日生，康熙乙未（五十四年）七月十二日卒。’《昆新合志》卷二十一第二十二页有树穀小传。

顺治十年 癸巳 1653 徐乾学二十三岁 徐秉义二十一岁 徐元文二十岁

乾学兄弟在苏州府学。徐元文岁试成绩优异，得学政石申青赏。钱泳《履园丛话》

卷十三《鼎甲》：『顺治十年，江南学政石公申岁试案迟迟不发。既而谓诸生曰：「余苦心力索，得三状元，是以迟滞。一昆山徐元文，一吴县缪彤，一长洲韩馚。（韩菼父。引注。）」石公召韩，谓之曰：「子文元气浑涵，如玉在璞中，其光必发。然光焰太藏，不在其身，将在其子孙乎？」后徐、缪两人俱中状元。韩以清衿终其身，其子菼果中癸丑（康熙十一年。引注。）状元。始知石公巨眼，文有定评如此。』

顺治十一年　甲午　1654　徐乾学二十四岁　徐秉义二十二岁　徐元文二十一岁

乾学与黄礽绪、缪彤、张玉裁、韩馚等同应江南科试。《憺集》三十三《内阁中书舍人黄君哀辞》：『方顺治甲午岁，诏天下学臣选生员入太学，今侍郎滦州石公（石申。引注。）以侍讲督江南学政，所录五十人。君（黄礽绪。引注。）与吴县缪修撰某、（缪彤。引注。）丹徒张编修某（张玉裁。引注。）及余皆预。余与三君相善也，荏苒十馀年。』韩菼《有怀堂文稿・先府君先妣行实》：『父讳馚，字诵先，号幼徽……甲午科试，与吾师健庵先生、缪念斋先生受知学使者，俱拔寘首卷……及闱中遇大雨三昼夜，坐积水中，遂得腹疾，不可止，然尚强起，手不释书，以「简而有常，精而不泛」八字置坐隅自课。时方考拔贡生，凡科试，首卷悉与选。府君意不怿，曰「非吾志也」，辞疾不就。然疾已益甚，至明年正月而遽革矣。』乾学拔贡，选入京师国子监。有诗《感遇》。《憺集》二・一。《先府君行述》：『甲午，元文登贤书，诸先达以器识谬许。府君喜曰「不坠家声矣。」时某以选贡同北上，府君贻书累数百言，皆束躬应物之箴。』

元文中江南乡试。《家谱》：『甲午，中经魁。』《昆新续志》卷十八《选举表二》：『顺治十一年甲午科……徐元文，榜姓陆……昆山人，长洲籍。』本年江南考官为即墨姜元衡、平湖马绍曾。《昆新续志》称元文参加科考时曾改姓陆，或为其时冒名风气使然，或与其姑父陆最有关。陆最为陆嘉胤子。见本谱顺治八年。韩菼《徐元文行状》云，康熙七年，元文从父卒于福建汀洲推官任，元文曾往迎丧，惟不及从父姓氏。乾学兄弟少时又与陆志熙交善。《昆新合志》卷二十九《人物・游寓》有传云：『陆志熙，字予敬，长洲人，吏部郎中康稷子。明末由诸生选贡。尚气节，工诗文，承先志，不谒选人。康熙初迁昆山南星渎，与归庄、王晨、吴殳辈结社赋诗。少与徐尚书乾学兄弟友善。后乾学屡致书招往都门，不答。以博学鸿词科荐，亦不应，未几病卒。』

秋 乾学经河南南阳、山东郯城等地上京，沿途有诗纪之。《憺集》二・三至四。

年底 乾学、元文同入京师，尝拜谒张九征等。《憺集》三三《河南提学佥事张公行状》：『余甲午充贡，与公（指张九征，时为吏部文选司主事。引注。）长子编修（指张玉裁。引注。）同入太学。谒公邸舍，一见，待以国士。』

乾学本年至康熙八年所作诗收入《虞浦集》。即《憺集》二至四。

约本年，乾学长女生。后约于康熙八年（十六岁时）嫁太仓张介眉。见本谱是年。

顺治十二年 乙未 1655 徐乾学二十五岁 徐秉义二十三岁 徐元文二十二岁

乾学在国子监，与王士禄、本年三十岁。王士祜、本年二十四岁。王士禛本年二十二岁。兄弟及梁清标、本年四十八岁。梁清远本年三十六岁。兄弟等结交。《憺集》二十八《进士东亭王君墓志铭》：『乙未岁，余以贡入京师，与考功、（王士禄。引注。）祭酒（王士禛。引注。订交，时东亭（王士祜。引注。）选入太学，亦一再相见。后十有六年，（在康熙九年。引注。）同举进士，释褐之日，握手槐荫石鼓间。』《憺集》十九《梁葵石先生诗集序》：『乙未岁入太学，谒先生（指梁清远。清标弟。引注。）京邸。』

春

乾学拜访彭珑。有诗《都下赠彭云客》。载《憺集》二。

尤侗因事至京，晤乾学兄弟。乾学有诗《永平推官尤展成有事河间道经都门喜晤》。载《憺集》二。

会试，乾学落第。《憺集》三三《河南提学佥事张公行状》：『余试失利，公（指张九征。引注。）笑曰：「尔岂风尘中人？勉旃自爱。」余兄弟与编修、侍郎（指张玉书，本年十三岁。引注。）交好，公闻甚喜。余过京口，引余游鹤林北固，剧谈累日夕。』

元文中副榜。《家谱》：『乙未会试，中副榜。』

元文曾至永平访尤侗师。时尤侗三十八岁，为直隶永平府推官。为校刻《西堂杂俎》。尤侗《悔庵年谱》本年：『以公事至河间。返，过都城，宿天宁寺。徐原一、公肃兄弟来就予饮……公肃下第，至永平，相聚甚乐，校予《西堂杂俎》，携归刻之。』

乾学次女约生于本年。后于康熙九年（十六岁时）适李邦靖。见本谱是年。

乾学外甥陆经远生。经远为陆最子，后为元文抚养，见本谱康熙二十一年。

顺治十三年 丙申 1656 徐乾学二十六岁 徐秉义二十四岁 徐元文二十三岁

乾学在京师国子监。

三月 乾学外祖母何氏卒。《先妣行述》：『何夫人晚年多病，吾母时迎养于家。其终也，含殓周至。每寒食，扫徐氏先茔毕，即上宾瑶公、何夫人冢。吾母之笃孝如此。』

乾学返昆山。

闰五月 八日，元文长子徐树声生。据《家谱》。树声字实均，号容斋。

本年乾学诗有《望远曲和陆丽京》陆丽京即陆圻。《有感和计甫草》计甫草即计东。《怀都门同学诸子》《舟行即事》等。载《憺集》二。

顺治十四年 丁酉 1657 徐乾学二十七岁 徐秉义二十五岁 徐元文二十四岁

元文在京师。

夏 乾学至京师。

九月 一日，乾学次子徐炯生。据《家谱》。炯字章仲，号闇斋、自强。《昆新续志》卷二十五第二十八页有徐炯小传。

秋 乾学应顺天乡试不中。顺天、江南等地乡试考场舞弊严重，考官多革职，史称『丁酉科场案』。详见孟森《心史丛刊·科场案》。韩菼《徐乾学行状》：『当丁酉乡试，溧阳宋公（宋之绳，字其武。本年顺天乡试考官。引注。）为考官，公（指乾学。引注。）所素善也。科场狱起，士子被落者将甘心焉？公独明其无他。公叹曰：「不以故旧干我，不以摈弃罪我。君，古人也。」』

昆山叶方蔼 本年二十九岁。中举。《昆新合志》卷二十一第二十页：『叶方蔼，字子吉，号讱庵……重华子。年十二补诸生，顺治丁酉领乡荐。科场议起，覆试，（在明年。引注。）御定第八。』叶重华有五子，方升、方恒、方至、方蔼、方蔚。昆山徐、叶、葛三氏同为里中望族，互为婚姻。叶德辉主编《吴中叶氏族谱》记录叶氏家世较详。叶方恒为乾学三女婿葛世隆的外祖父。葛世隆父早卒，世隆即由叶方恒抚养。后乾学长子树穀娶叶方至女，见本谱康熙七年。

顾炎武与叶家交恶。顾炎武与叶方恒因典赎田产事修隙成仇。顾氏本年北游，即为躲避叶氏追杀。陆陇其《三鱼堂日记》康熙十七年八月二十七日记陆元辅与言顾、叶事甚详。康熙九年后顾炎武疏远乾学兄弟，或与徐、叶两家结亲有关。

顺治十五年 戊戌 1658 徐乾学二十八岁 徐秉义二十六岁 徐元文二十五岁

二月 顺治帝复试江南举子。

三月 九日，乾学友苏州吴兆骞 本年二十七岁。被人构陷，以傲视天子罪被逮，旋下刑部狱。参见李兴盛《边塞诗人吴兆骞》附《年谱》。

十一月 二十八日，诏谕南闱全体考官处死。举人吴兆骞等俱杖四十，籍没家产，父母兄弟妻子并流徙宁古塔。其地在今黑龙江省牡丹江海林县旧街镇古城村一带。徐釚《孝廉吴君兆骞墓志铭》：『汉槎（吴兆骞字。引注。）年方英少，才名大起……与今长洲相国文恪宋公、（宋德宜。引注。）家司寇、（乾学。引注。）司农（元文。引注。）玉峰两徐公暨诸名贤角逐艺苑……世咸以才子目之。丁酉，（去年。引注。）登贤书。会科场事起，下刑部狱……遣戍宁古塔。』徐釚为吴兆骞妹夫，本年二十三岁。

本年 乾学再次南返。本年诗有《发潞河留别缪歌起》歌起即缪彤。《留别宋右之》右之即宋德宜。《怀汉槎在狱》等。《憺集》二。

昆山叶方恒成进士。叶方至卒。

顺治十六年 己亥 1659 徐乾学二十九岁 徐秉义二十七岁 徐元文二十六岁

闰三月 三日，吴兆骞自京起身出塞，友朋送行之作甚夥，乾学有《怀友人远戍》。《憺集》二。

七月 三日，元文次子徐树本生。据《家谱》，树本字道积，号忍斋。《昆新合志》卷二十五第十六页有树本小传。

本年　乾学在昆山侍母，间游江南一带。曾往苏州请陆圻至昆山医母疾。《先妣行述》：『吾母四十后善病。己亥病剧甚，辄愈……元文擢进士第一人……是冬吾母得血症，几殆。诫乾学、秉义：「勿使汝弟知，恐以吾故贻厥忧，旷乃职业，负朝廷恩。」值武林陆丽京善医，乾学自吴趋迎之至舍，用药即效，不一月平善。』

元文在京师中加科状元。本年会试考官为山西曲沃卫周祚闻石、山东安邱刘正宗宪石。元文会试仍以『陆』姓。《昆新合志》引《巢林笔谈》称，昆山顾鼎臣明弘治十一年中状元后，尝梦人言『昆山后出状元当姓陆』，果验。又，《两般秋雨庵随笔》记徐氏兄弟未登第时尝试『镜听』。其他如《夜雨秋灯录》卷十、《楹联续话》、《榆巢杂识》、《香饮楼宾谈》卷一都记有昆山徐氏兄弟科考故事，文繁不录。元文深得顺治帝赏识。《先府君行述》：『己亥，元文成进士。世祖章皇帝亲擢对策第一，尝召至便殿，问家世及父母年几何、兄弟几人。元文具对。世祖嘉叹久之，曰：「尔可当孟子一乐矣。」煌煌天语，同朝以为元文荣。』韩菼《徐元文行状》：『己亥，成进士第一人。世祖召见乾清门，谕以特简之意。还，启太皇太后曰：「今岁得一佳状元。」赐冠带、蟒服、裘靴，视旧典有加。公率诸进士谢恩，世祖为御殿，百官陪列，鸿胪读表，前此未有也。除翰林院修撰，数被宣召……尝从幸南苑，赐乘御马。命学士折库纳为执鞚，公馆师也，逊谢不敢，乃改命侍卫。又尝晚对便殿，夜分赐馔，世祖又问：「从者得毋饥乎？」复命侍卫赐之食。』张玉书《徐公神道碑》：『一日，同诸词臣入见，命撰《孚斋说》。孚斋，世祖读书处也。公文成，世祖览之，称善，命刻行。一日，携公至僧忞蕉园方丈，问以释氏书，公谢不习，世祖亦不强之，语曰：「此人大有见解，状元朕所亲拔，此朕一门生也。」忞及左右皆稽首贺。』

叶方蔼同科探花。

顺治十七年 庚子 1660 徐乾学三十岁 徐秉义二十八岁 徐元文二十七岁

春 乾学赴京师。途经亳州，与当地颜知天诗酒甚欢。颜知天字餐园、参原，斋号瓢庵。

《憺集》二十九《颜参原墓志铭》：『余自庚子岁赴京兆试，道由于亳，知州孙君款余于官廨，君在坐，计时年六十馀矣，鬓发未苍，若四十馀。数过瓢庵，旁有小楼，书史甚富……余至，辄置酒赋诗而去。又尝并骑出北门，过涡水，寻桐宫、桑林、秋风台诸古迹。』

二月 顾炎武至京，曾晤乾学，有《答徐甥乾学》诗。《四部丛刊》本《亭林诗文集·亭林诗集》卷三。王冀民《顾亭林诗笺释》第519页：『春二月，再谒天寿山十三陵。在京晤徐氏长甥乾学。旋出都……秋，乾学领京兆荐，故春夏皆在都。本题用「答」字，料乾学必先存问先生。』

乾学父徐开法至京师。约与顾炎武同至。《先府君行述》：『庚子岁，府君至都门。元文迎拜潞上。慰劳毕，言不及他，问「所习国书（指满文。引注。）若何？」犹向时之督课业者。』

七月 二十四日，乾学三子徐树敏生。据《家谱》。树敏字师鲁，号玉山。《昆新合志》卷二十一第二十二页有树敏小传。

八月 乾学中顺天乡试。本年顺天乡试考官为江南武进庄朝生玉笥、湖南孝感熊赐履青岳。后康熙十三年，乾学子徐炯娶庄朝生女。

乾学父徐开法南归，途中知乾学妹夫申穟中江南乡试解元。《先府君行述》：『是岁乾学应顺天乡试，撤棘之日，府君冒雨至京兆阅榜，乾学幸得与名，亟出，语元文曰：「吾向留都门者，欲见汝兄京兆榜也。」明日遂登舟南下。途次知妹婿申穟举南省解元。妹为吾母所怜爱，府君闻之益喜。』

本年　元文在翰林院修撰任，尝从顺治帝游京郊南海子。尤侗《悔庵年谱》：『上幸南海子，徐公肃状元从。上忽驻马问：「尤侗，尔师乎？」对曰：「然。」「《西堂杂俎》有尔序乎？」对曰：「然。」上曰：「朕知之久矣。」……公肃寓书（尤侗）云：「上爱吾师至矣。亟来，当有奇遇。」予答曰：「不召而来，成何出处？且吾志栖隐，纵使天子下诏征我，将高卧不起，况褰裳就之乎？」其后公肃亦服。』

经姚文燮介，得读钱澄之诗集。姚文燮字经三，号羹湖，去年成进士，本年四十岁。钱澄之又名钱秉镫，字幼光、饮光，号田间。本年四十九岁。事迹见方苞《田间先生墓表》及钱子撝禄《田间府君年谱》。《憺集》二十《田间全集序》：『三十年前，桐城姚经三先生尝手一编示余，为其同里钱饮光先生所撰《田间诗集》。余日夕讽诵，心仪其为人。已，得读其文，则益慕之，恨不即造席奉教也。』此文作于康熙二十九年，三十年前，即今年。饮光

约本年，徐开法归里后纳妾程氏。程氏即乾学同父异母弟徐亮采之生母。生卒年及确切来期不详。姑系于此。

顺治十八年　辛丑　1661　徐乾学三十一岁　徐秉义二十九岁　徐元文二十八岁

一月　顺治帝逝。康熙帝本年八岁。即位。

春　乾学至鹿城，再至河南汴水今荥阳县西索河。一带。

二月　乾学曾回京师参加会试，下第。后康熙十年乾学致书吴兆骞云：『辛丑下第之后，即以逋粮诖误。』见本谱康熙十一年引。旋至河北邺县、邯郸。

苏州发生『哭庙案』。

七月　长洲金人瑞等因『哭庙案』骈首南京。详见陈登原《金圣叹传》。同时江南『奏销案』起，苏、松、常、镇欠赋绅领万馀人遭斥革。叶方蔼因欠折银一厘左官。详见孟森《心史丛刊·奏销案》。

初夏　乾学至邢台、巨鹿、滹沱河一带。复至保定。沿途有诗纪之。载《憺集》三。

本年　乾学遭黜举人籍。秉义遭黜诸生籍。元文亦被贬谪，乞假归里。韩菼《徐元文行状》：『辛丑春，世祖宾天，公号恸若私丧……岁以是日斋居，惨戚者终身。会江南奏销案起，奸胥窜公名其中，谪銮仪卫经历。』《清史列传·徐元文列传》：『元文……降銮仪卫经历。乞假归里，辨释其事。』

乾学弟亮采生。乾学康熙十五年撰《先妣行述》：『吾父纳庶母程氏，生亮采，今十六岁。』

申穟本年成进士。汪琬《尧峰文钞·广西提学道佥事申君墓志铭》：『顺治末……成进士。归，拜翁媪于堂下。礼部公（申穟父申缜芳。引注。）喜曰：「儿勉旃，尚无陨吾先少师（申穟高祖。引注。）之绪。」君亦慷慨自奋……授内阁中书舍人，以覃恩加一级。又以收掌实录加实俸一级。』

施闰章　本年四十三岁。来吴，徐开法与游月馀。施闰章《施愚山集·徐太夫人六十寿序》：『辛丑，过湖上，（指苏州、无锡太湖一带。引注。）从坦庵先生（徐开法。引注。）游逾月，见其为人和以厚，有招饮辄赴，食簋限以五。又多长者言，诸子名位籍海内，而礼贤下士，欿然若不及。』

康熙元年　壬寅　1662　徐乾学三十二岁　徐秉义三十岁　徐元文二十九岁

年初　乾学在途，游历山东、安徽。

春末　乾学归江南。又曾游历浙东。有诗《和史立庵太史韵送洪晖吉之官程乡》。史立庵即史大成，本年四十一岁，在鄞县故里侍母。洪晖吉即洪图光。全祖望《续甬上耆旧诗》卷八十五《洪图光》：『少与史侍郎立庵齐名，而立庵严事之。』程乡即今广东省梅州市一带，清初隶潮州。

夏末　乾学往岭南。游历镇平、今蕉岭县。惠州，至潮州，寓程乡洪图光官邸。光绪二十四年《嘉应州志》卷十九第二十六页：『国朝徐乾学……为孝廉时，至程乡。邑令洪图光客之，寓磊园，日立课程，读书不辍。喜游览，访古写怀，与邑绅士饮酒赋诗，兴酣落笔，缣素淋漓，州人珍藏之。』其时乾学有诗《李其拔园亭》。诗中有『胜友天涯赠缟初，停鞭借得浣花居』句，自注『余寓园亭。』后又注『园近洪明府官舍』。又会潮州知州宋征璧。宋征璧，元文次子徐树本岳丈宋征舆之从兄，去年始任潮州知州。

年底　乾学至潮阳。刘建新《徐乾学》：『徐乾学怀着怅然、怨艾的复杂心绪游历了岭南各地。在游历中，他遇到不少逃禅、隐居的明朝逋臣遗老，与他们朝夕相处，谈论甚欢。」

本年

乾学有诗《和史立庵太史韵送洪晖吉之官程乡》《李其拔园亭》《赠宋潮州尚木》尚木即宋征璧。《秋夜集梁芝五宅同魏和公、王震生、高望公、湛用喈、何不偕、陈元孝、程周量、陶苦子、梁器圃分韵》梁芝五即梁佩兰，本年三十五岁。后乾学介绍其馆于明珠家，康熙二十七年乾学任会试主考时梁始成进士。魏和公即魏礼，魏禧弟，本年三十四岁。王震生即王鸣雷。高望公即高俨。湛用喈即湛凤光，康熙二年癸卯科广东乡试解元。何不偕即何绛，本年三十七岁。陈元孝即陈恭尹，岭南著名抗清烈士陈邦彦之子，本年三十三岁。程周量即程可则，本年四十岁。陶苦子即陶璜，程廷祚舅，本年二十七岁。梁器圃即梁梿。温肃《陈独漉先生年谱》本年：『是年至戊申（康熙七年。引注。）凡七年，（陈恭尹）恒寓顺德之羊额乡……时称「北田五子」即先生与何衡、何绛、梁梿、陶璜五人也。』又陈恭尹《独漉子诗文全集·独漉堂诗集》卷五第八页有《同宁都魏和公、昆山徐原一、同里王震生、高望公、湛用喈、程周量、何不偕、梁器圃、陶苦子集乐亭六莹堂得真字》。《周量坐上口占赠六子》。六子即前诗题中之梁、王、魏、高、陶。后康熙三年乾学于诗《周量中翰入都重阳前一日遇于广陵》中自注：『客岁访周量及今广陵相晤皆在重阳前后。』上列诸诗均载《憺集》三。

乾学三女约生于本年。徐乾学康熙十五年撰《先妣行述》称三女仍『许』，即未嫁，则推测康熙十五年时其三女仍不满十六岁，逆推之，当生于顺治十一至十七年间。乾学三女上尚有两姊、树穀、炯、树敏。又乾学顺治十一年晋京，与金氏分居，至十六年为母延医才回昆山。故定乾学三女生于本年。

康熙二年 癸卯 1663 徐乾学三十三岁 徐秉义三十一岁 徐元文三十岁

年初 乾学约在潮州。

五月 『庄廷鑨史案』结案。此案前后杀七十馀人。乾学友陆圻涉案，因两广总督吴六奇保，得免死。参见张捷夫《清代人物传稿·庄廷鑨》及本谱康熙二十七年引乾学为陆圻妻所撰墓志。

七月 九日，乾学至福建汀州，再至上杭。

二十日，乾学四子树屏生。据《家谱》，树屏字敬思，号桐亭、省庵。《昆新合志》卷二十二第二十五页有树屏小传。

三十日，游上杭南塔寺。

八月 一日，游上杭普陀峰。

九月 至广州，谒金堡。本年五十岁。《憺集》三十二《丹霞澹归释禅师塔铭》：『予昔以癸卯年游岭南，遇师广州，朝夕谈论甚欢。』后康熙十九年金堡返吴再见乾学，旋卒。

乾学曾至南海波罗庙。明年乾学诗《羊流道中》有『却思昨岁敲铜鼓，江水清清鳜正肥』句，自注『去年九月过南海波罗庙。』

本年 乾学诗有《广州杂兴》二十首。《癸卯除夕和佩公、晖吉》。《憺集》三。佩公即董剑锷。文有《游南塔寺记》《游普陀峰记》。《憺集》二十五。

康熙三年 甲辰 1664 徐乾学三十四岁 徐秉义三十二岁 徐元文三十一岁

年初 乾学在广东梅县一带，与洪图光等唱酬。有诗《甲辰元旦即事示晖吉》《程乡人日看迎春》，载《憺集》三。

初夏 乾学患疾，自梅州北返江南。

九月 在扬州逢程可则。有诗《周量中翰入都重阳前一日遇于广陵》，载《憺集》三。继沿运河经高邮、泗阳、宿迁，再由陆路经郯城、临沂、新泰到羊流店，继经泰安、禹城、德州、景州、献县、河间、雄县等地。

秋末 入京师。

岁末 复南还至山东蒙山一带。沿途均有诗纪之。见《憺集》三。

本年 徐履忱本年前后亦在华东一带游历，尝以诗文与乾学质。《憺集》十九《家兄孚若诗集序》：「兄久不得志于有司，尝渡扬子、过淮东，浪游颍、亳、陈、许间，所为诗更富。予亦好游，北极幽并，南至岭海，于归也，必以所作诗文互相考质。」

康熙四年 乙巳 1665 徐乾学三十五岁 徐秉义三十三岁 徐元文三十二岁

春 乾学再北上，经山东羊流店、泰安、河北交河、雄县、涿州等地。途中曾游真定。即今河北正定。时为直隶巡抚衙门所在地。遇梁清远为其母祝寿，为撰贺词。《憺集》十九《梁葵石先生诗集序》：『游真定，会先生居家，为其太夫人举寿觞，盖九十有八矣。予尝为之文，以述其盛，因得亟接先生之议论丰采。』直隶巡抚王登联属撰《真定龙兴寺大悲阁记》。载《憺集》二十五。

秋 入京师。

冬初 乾学与李可汧、汪琬、叶方蔼、弟元文饯送董文骥赴外任。有诗《同李元仗、汪苕文、叶子吉、舍弟公肃饯送董玉虬侍御即事》《憺集》三。

元文欠赋事白。命复职，以父病未赴任。韩菼《徐元文行状》：『又四年而事白，复官，未任。闻赠公（徐开法。引注。）病，即乞假省觐。』

乾学妹夫陆最逝。见本谱康熙二十一年引《陆经远传》：『经远年十一而孤』。

康熙五年 丙午 1666 徐乾学三十六岁 徐秉义三十四岁 徐元文三十三岁

春 乾学与元文南归。经亳州，访颜知天未遇。有诗《赠亳州诸故人用颜餐园六年前酬唱元韵》《再赠餐园》，载《憺集》四。《憺集》二十九《颜参原墓志铭》：『丙午春，余自都门南归，又经亳州。时学使者檄试诸生，君往应试，未得相见。』

三月 二十一日，徐开法逝于故里。《先府君行述》：『府君病之前月，率秉义及孙树穀、树声等，载酒携榼，步马鞍山下，欷歔流涕。谓「人生聚会不可多得。」抚树穀、树声者再三。秉义瞿然曰：「大人奈何为此语？」孰知负杖行歌，七日而殓。树穀补弟子员，秉义领乡荐，府君俱不及见耶……殁于康熙五年三月二十一日。」时元文未及归。韩菼《徐元文行状》：「闻赠公病，即乞假省觐。至丹阳而讣至，哀毁不欲生。与两兄执丧尽礼，三年处外，终丧乃复寝。后丧太夫人亦然。」

夏　乾学兄弟在昆山守制。

康熙六年　丁未　1667　徐乾学三十七岁　徐秉义三十五岁　徐元文三十四岁

乾学兄弟在昆山守制。

二月　会试，乾学少时同学黄礽绪为会元，缪彤为状元，张玉裁为榜眼。《憺集》三十三《内阁中书舍人黄君哀辞》：「君试礼部，裒然举首，缪与张并及第。君以第二甲进士授内阁中书舍人。」

秋　施闰章自湖西道任以裁缺归里宣城，乾学为作送序。载《憺集》二十三。

康熙七年　戊申　1668　徐乾学三十八岁　徐秉义三十六岁　徐元文三十五岁

乾学兄弟在昆山守制。

三月　乾学曾往湖州，晤吴绮、本年五十岁。宋实颖等。据吴绮《太白山人漫稿》附录，时吴绮于吴兴构太白亭，纪念明诗人孙一元。宋实颖、白梦鼎、徐乾学、江闿等同以绮召来游。《憺集》三十五《题吴梅村先生爱山台上巳宴序卷》：『此园次（吴绮。引注。）使君守湖州日，以上巳（三月三日。引注。）宴集郡署之爱山台，而梅村（吴伟业。引注。）先生所为之序也。是日会者十有三人，而余其一。』

本月，顾炎武因黄培诗案下济南狱，乾学、元文为之奔走营救。元文曾亲赴济南。王冀民《顾亭林诗笺释》第732页：『徐氏三甥，惟元文早仕，已官掌院学士，适因葬父南归。先生入狱时《上国馨叔书》云：「惟趣公肃速发北辕，则不烦力而自解。」保出后《与原一甥书》（载《蒋山傭残稿》卷二。原注。）复言：「公肃之来，正当其时，若得言之抚军，（刘芳躅。原注。）比宋澄岚（黄培姊夫。亦被卷入诗案。原注。）之例摘释，庶无牵绊。」结案后，又将章丘之田寄托元文名下管业。故知李因笃之功在于「疾呼辇上，协议橐饘」。徐元文之功在于亲赴济南，斡旋结案。』邓之诚《清诗纪事初编·徐乾学》：『乾学为之（顾炎武。引注。）征书，缓黄县之狱，辞鸿博之荐，（康熙十七年事。引注。）筹南归之计。虽由母命，亦实藉其馀光以收士类。』

七月 乾学兄弟服除。

秋 施闰章作《南浦赠徐原一孝廉二十韵》。《施愚山集》卷四十三。去年施罢官赋闲，今年夏秋有苏、浙游。

十月 顾炎武狱解。

乾学北游山西。至晋阳、太原，与王显祚、金鋐等唱酬。《憺集》四。

岁暮　乾学在太原。

本年　约本年，乾学长子徐树縠娶叶氏，本年二十岁。昆山叶方至女。《家谱》：『树縠……配同邑叶氏……顺治丁酉（顺治十四年。引注。）榜崙生公讳方至女……顺治庚寅（顺治七年。引注。）七月二十七日生，康熙辛卯（康熙五十年。引注。）十一月十六日卒。享年六十有二。』另据《吴中叶氏族谱》卷五十四《叶方蔚传》，叶方至已于顺治十五年卒。《先府君行述》：『树縠，邑庠生，乾学出。娶叶氏，庚戌（明万历三十八年。引注。）进士、太常寺卿香城公讳重华孙女，恩贡崙生公讳方至女。』

本年元文又丁外艰，曾至汀洲迎丧，遇耿继茂。韩菼《徐元文行状》：『从父官汀洲推官。卒官。公往迎其丧。时靖南王耿继茂慕公，愿一见，奉二千金为寿。公曰：「我以丧我从父来也，而可以货取乎？」拒弗往见而归。』

康熙八年　己酉　1669　徐乾学三十九岁　徐秉义三十七岁　徐元文三十六岁

春　乾学回昆山。游太湖周边，与吴绮、秦松龄、本年三十二岁。吴兴祚等唱酬。《憺集》四。

约此时，乾学娶侧室张氏。张氏本年十七岁。《家谱》：『侧室张氏，顺治甲午（顺治十一年。引注。）二月二十一日生，康熙壬申（康熙三十一年。引注。）四月初八日卒。存年三十有九。』

乾学长女 本年十六岁。**适张介眉。**《先妣行述》：乾学长女『适太仓州增广生张介眉，系文学济臣公子。』据徐艺圃先生等编《清代档案史料丛编》第五辑《邵德呈控徐乾学子侄姻亲勾结官宦屠民诈财状》，可知张介眉父济臣公名张曾愈。又，邓之诚《骨董琐记》卷八《三吴公讨徐氏檄》云：『坦腹婿张介眉，屏弃汉阳县矣，失妻而得职，泰山之挽回有力。（注云：夏逢龙之叛，张介眉弃城而走，大小姐中途失散，走至息县陆舒城署，送归。原注。）』馀见本谱康熙二十九年所引。

三月

元文至京师，起补国史院修撰，升秘书院侍读。韩菼《徐元文行状》：『己酉，起补国史院修撰，寻进秘书院侍读。』《校补亭林年谱》本年：『三月……（顾炎武）回都门，移寓徐公肃邸舍。』知元文三月已至京师。推测元文于辅佐康熙帝亲政亦有功焉。

五月

康熙帝亲政。

八月

索额图 本年三十四岁。**升任国史院大学士，遂成宫中重臣。**索额图去年任吏部右侍郎，本年五月改任一等侍卫，协助康熙帝逮捕鳌拜，为康熙帝实际控制朝政立下首功。明年，恢复内阁制，改任保和殿大学士，直到康熙十九年八月离任。索额图于撤藩主张与明珠不同，遂与结怨。康熙十四年皇二子胤礽被立为太子，索额图、明珠又为控制太子各结党羽，暗中较量。康熙二十三年，索额图扶植之皇太子师傅汤斌被调离京师，外任江苏巡抚。明珠（通过徐乾学）扶植的张英接任皇太子师傅。可视为明珠得势之始。后胤礽失宠，索额图亦因长期依附胤礽，终于康熙四十二年，以『结党妄行』罪交宗人府拘禁致死。胤礽生母赫舍里氏，为索额图之兄噶布喇次女。见本年附《明珠、索额图与康熙帝姻亲关系示意图》。

秉义中顺天乡试举人。据《家谱》。《昆新续志》卷十八《选举表二・历朝举人》：『己酉科……徐秉义，原名与仪，昆山人，太仓籍，顺天中式。』

秋　乾学游武昌及楚中诸胜迹，有诗纪之。《憺集》四。

元文任陕西乡试主考。韩菼《徐元文行状》：『秋，主试陕西，所录多单寒苦志力学之士。』

九月　明珠　本年三十五岁。任都察院左都御使，跻身皇帝近臣之列。时索额图、明珠各植羽翼，内阁大臣渐分为两党。明珠字端范，由侍卫累迁而至太子太傅、武英殿大学士、礼部尚书。因协助康熙帝平定三藩之乱、招降台湾郑氏家族等，深得宠信。又以善于结交，在其周围集结大批朝中重臣，形成利益集团。乾学入朝之初依附明珠。后明珠因结党干政，为康熙帝所恶，康熙二十七年，康熙帝指使乾学与人联合弹劾明珠。明珠遂改授为内大臣。康熙二十九年，康熙帝命明珠参赞军务，出征噶尔丹，因未及时追击，使噶尔丹逃脱，降四级留任。康熙三十三年乾学逝。后康熙三十五、三十六年，康熙帝两次亲征噶尔丹时，明珠因随军督运粮饷叙功，恢复原级。康熙四十七年明珠病逝京师，康熙帝派皇三子胤祉前往祭奠。明珠为康熙帝姻亲。皇长子胤禔之生母惠妃纳喇氏为明珠堂兄索尔和之次女。见本年附《明珠、索额图与康熙帝姻亲关系示意图》。胤禔，即大阿哥，实为康熙帝第五子，以前诸子皆早殇，序齿为长。因其生母惠妃为庶妃，按制不得立为太子。但康熙帝对惠妃恩宠有加，故于明珠亦信任异常。有关明珠、索额图之党争，可参见谢国桢《明清之际党社运动考》、刘德鸿《清初学人第一・纳兰性德研究》。

冬　乾学经亳州赴京，准备明年礼部试。于途中得知颜知天已于年初去世。《憺集》二九《颜参原墓志铭》：『己酉冬，赴春官，取道亳宋。未至时先遣人持尺牍报君，而君前数月死矣。』颜知天本年正月逝。两年后乾学应知天子伯恩请为撰墓志。

明珠、索额图与康熙帝姻亲关系示意图

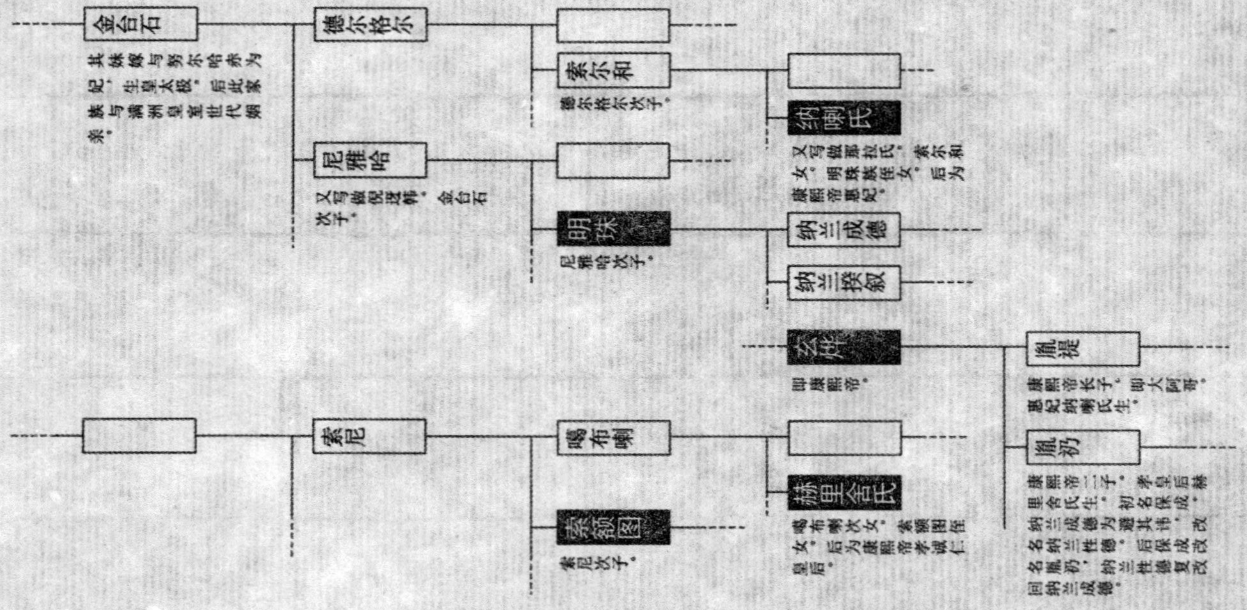

康熙九年 庚戌 1670 徐乾学四十岁 徐秉义三十八岁 徐元文三十七岁

乾学兄弟在京师。

二月 乾学会试中式。考官为内阁大学士魏裔介，礼部尚书龚鼎孳，刑部尚书王清，国史院学士田逢吉。

三月 一日，殿试。乾学以进士第三人及第。蔡启僔、状元。本年五十二岁。孙在丰、榜眼。本年二十七岁。李光地、二甲第二。本年二十九岁。陆陇其、二甲第七。本年四十一岁。叶燮、二甲第二十一。本年四十四岁。叶燮与叶映榴、叶方蔼一族。《吴中叶氏族谱》卷五十二有传。陈梦雷、二甲第三十。本年二十一岁。郭琇 三甲第一百一十八。本年三十三岁。等同年成进士。韩菼《徐乾学行状》：『康熙庚戌，举礼部殿试，以进士第三人及第。授内弘文院编修。寻改三院为翰林院，仍为编修。』吴光酉等《陆陇其年谱》本年：『三月……初一日殿试，黎明进至太和殿前行礼毕，殿上传策问下，皆跪受。起就位，单东双西，皆立书。初四日传胪毕，随榜出，至东长安门外悬榜。初六日至礼部领恩荣宴。初十日领赏。黎明至午门外行礼。随更便服，至阕左门，候内院选庶吉士。』

十四日，授徐乾学内弘文院编修。正七品。《康熙实录》三月辛未：『授一甲进士蔡启僔为内秘书院修撰，孙在丰为内国史院编修，徐乾学为内弘文院编修。』《陆陇其年谱》：『十五日黎明，至午门外谢恩。十六日辰刻至国子监谒先师庙，退至彝伦堂见祭酒。台上设酒肴，拜毕，拈花易服而出，是为释褐。』

十月　乾学母顾氏至京师。《先妣行述》：『当庚戌岁，乾学、元文迎养京师。孟冬十月入国门，以畏寒不能久留。』后康熙十一年二月顾氏南返。

本年　元文擢国子监祭酒，充经筵讲官。韩菼《徐元文行状》：元文『以廷推选国子监祭酒，寻充经筵讲官。公举止闲雅，音吐弘畅，进讲称旨。自是每遇经筵，必命公讲，至登政府犹然。（后记述元文奏请恢复选优诸生及副榜入国子监旧例、停止捐纳官贡生等。略。引注。）……其后公在西台，上尝语阁臣：「徐某为祭酒，规条严肃，满洲子弟不率教者，必加挞责，至今犹畏之。后来那得如此？」盖公为祭酒凡四年，而学政大饬。』

乾学次女本年适李邦靖。《昆新合志》卷三十三第六页：『庠生李邦靖妻徐氏，刑部尚书徐乾学女。年二十一寡。抚嗣子振宗慈爱备至，延师训诲。暨登贤书，往来南北，効力边方，所费不赀，皆氏经营所致。年七十四卒。康熙四十三年旌。』据清例，已婚女三十岁前丧夫，守寡到五十岁或未及五十身故而守寡满十五年者可称节妇受旌，可知乾学次女于康熙四十三年满五十岁获旌，逆推之，当生于顺治十二年，本年十六岁。邦靖为李可汧长孙，生卒年不详。据乾学为李可汧撰墓志（《憺集》二十八，见本谱康熙十四年引），可汧康熙十四年以六十岁卒。徐氏年二十一寡，即邦靖亦卒于康熙十四年。《昆新合志》称邦靖妻『年七十四卒』，当在雍正五年。

约于年底，乾学结识陈维崧。陈本年四十六岁。《湖海楼全集》前附乾学康熙二十八年序中有维崧『与余相识在戊亥之间』句。戊、亥指庚戌、辛亥，即今明两年。此时陈维崧正游于京师龚鼎孳之门。

乾学本年至康熙十七年所作诗编为《词馆集》。即《憺集》卷五、六。本年诗有《及第纪恩示同年蔡石公、孙屺瞻》《春讌书事》《喜汪蛟门至和沈康臣韵》汪蛟门即汪懋麟，本年三十二岁。《康熙九年十二月十九日上召对弘德殿学士臣哈占引、臣启儁、臣在丰、臣乾学、臣牛钮、臣博济、臣德格勒、臣沈独立以次奏事毕命臣启儁、臣在丰、臣乾学进殿内分立御座旁上曰今日无事汝三人可各赋一诗满庶吉士讲书可也中涓传旨赐坐诗成并蒙睿奖赐茶而出》等。《憺集》五。文有《皇清敕封儒林郎翰林院修撰先考坦斋府君行述》。《憺集》三十三。约本年，吴绮有《与徐健庵同年书》。载《林蕙堂全集》。吴绮与乾学顺治十一年同年拔贡。

乾学少时同学黄礽绪来京就职，得与朝夕相见。《憺集》三十三《内阁中书舍人黄君哀辞》：『余在词馆，君来就职。未几，张（指张玉裁。引注。）以病告归，缪（指缪同。引注。）丁母忧去。惟与君朝夕相见。』

康熙十年 辛亥 1671 徐乾学四十一岁 徐秉义三十九岁 徐元文三十八岁

乾学在翰林院编修任，移寓城北。《憺集》五《病中口占示立斋弟》『据床疑宿醉，拥絮为微寒』句自注『时方移寓』。康熙十二年叶方蔼《连日不见健庵编修》诗有『吾居帝城南，君居帝城北』句。见本谱是年所引。患疾，因病目。《憺集》五《述病示彭横山给事》『黑圆无恙愧方瞳』句后自注『时病目』，《憺集》五《哭殇子》有『双眸在雾中』句，疑乾学亦有轻微白内障，顾炎武即患此疾。乾学并严重近视。陈祖武先生点校本李光地《榕村语录·榕村续语录》（后简称李光地《榕村语录》）第763页：『徐健庵双目总不全开，即一目亦半截开，半截闭。两目及一目，各半开闭互用，其一线光所露甚明。或大谭论，有时全开，反不光采，如塑泥神之目。』同书又记康熙二十八年乾学向康熙帝当面请辞时云『东海刺刺不休，上已他顾，而东海近视，不见也，仍哓哓然……』

正月三十日，元文有信致吴兆骞。见载李兴盛主编《吴兆骞资料汇编》（黑龙江人民出版社2000年版）。本年前后兆骞曾托元文转交家书数封。

夏　顾炎武来寓乾学邸。《校补亭林年谱》本年：『入都，主甥徐原一。夏，孝感熊阁学青岳（熊赐履。引注。）设酌招先生，欲以纂修《明史》荐，先生面辞之。』后顾炎武尝致信元文：『今所著三四十卷，（指《日知录》。引注。）前十卷注五经者，已录送原一。』载《蒋山佣残稿·答公肃书》卷一。又尝致信潘耒：『平生所著若此者（指释经文稿。引注。）往往多有，凡在徐（指乾学。引注。）处旧作，可一字不存。』载《亭林馀集·与潘次耕书》。其中所言以《日知录》释经部分文稿录送乾学，或即今年事。待考。

十一月一日，乾学长孙　树穀长子。徐德俶生。据《家谱》。德俶字伯厚，号南田。

本年　元文在国子监祭酒、经筵讲官任。

约本年，乾学殇一子。《哭殇子》『华省同时客，临沂最有名』句后乾学自注『王阮亭亦丧子。』查《四部备要》本《渔洋山人年谱》第二十二页：『康熙十一年壬子……五月，次子启浑卒。』待考。

明珠子纳兰性德 本年十七岁。入国子监，从元文学。《憺集》二七《通议大夫一等侍卫进士纳兰君墓志铭》：『容若姓纳兰氏，初名成德，后避东宫嫌名，改曰性德。年十七补诸生，贡入太学，余弟立斋为祭酒，深器重之，谓余曰：「司马公（指明珠。引注。）贤子，非常人也。」』刘德鸿《纳兰性德研究》云性德中举『以前并未见过徐乾学的面』。疑误。

本年乾学诗有《座主相国魏公五十寿》。《憺集》五。魏裔介本年五十六岁。**文有《颜光敏书义序》。**《憺集》二二。颜光敏本年三十二岁。

康熙十一年 壬子 1672 徐乾学四十二岁 徐秉义四十岁 徐元文三十九岁

二月 乾学奉母南返。朱彝尊有《贺韵送徐编修乾学还昆山》，载《曝书亭集》。《先妣行述》：『壬子二月，登舟回南。乾学、元文拜送潞上。』

乾学曾往苏州，收韩菼为门生，旋回京师。韩菼《徐乾学行状》：『菼自壬子受知于公。』钱泳《履园丛话》：『韩文懿公菼，字元少，家故贫……追昆山徐大司寇乾学来苏，方夜寝，有门生候于门者，争诵公（韩菼。引注。）之文，以为笑柄。徐闻之，急问公姓氏曰：「此文开风气之先，真盛世元音也。」次早即命延见，收为门生。遂引入都，援例中北闱乡榜。康熙癸丑（明年。引注。）会、状连捷。』古称刑部尚书为大司寇。乾学康熙二十七年始成刑部尚书，此时仅为翰林院编修。又，民国二十二年《吴县志》卷六十八第八页：韩菼『康熙壬子国子监生。初入监时，受知于祭酒徐元文。壬子乡试，主考徐乾学实拔其文。菼敦师生之谊，及两人致政家居，终日忧患，平时故人门人避祸绝迹，菼挺身周旋，百端慰藉，卒亦无事也。』

闰七月二十四日，庶吉士例行考试，再授李录予、张英、牛纽、李光地等编修职。

《康熙实录》本日（丁酉）：『谕吏部，庶吉士李录予等学习已久，今加考试，应分别授职。除蔡启僔、孙在丰、徐乾学已授修撰、编修外，李录予、张英、牛纽、李光地、朱典、陈梦雷、耿愿鲁、赵文煚、王掞……俱著授翰林院编修、检讨……』

二十五日，乾学有信致吴兆骞。

全文如下：『鱼雁杳隔，遂复十年。塞上故人，刻刻在念。两承手翰，惠觐殷勤。伸纸发函，有如把袂。吾兄丁年辽海，皂帽飘零。同学弟兄，参辰乖异。每一念及，搔首踟蹰。所幸伯鸾举案有人，苏卿胤子无恙，穷边绝戍，躬耕读书，搦管撚须，殊足快意。苏长公在岭南尝语人云「譬如原是惠州秀才，累举不第。」此真达人之论。不必萦忆乡县，增此牢骚耳。弟赴公车之前，曾过松陵。老伯母及贤昆仲，并复佳安，可无远念。昨岁弘兄累次信至，以去夏水灾特甚，深切忧煎，今少得恩蠲，灾民谅渐有生色矣。弟落魄无似，辛丑（顺治十八年。引注。）下第之后，即以逋粮诖误。甲辰（康熙三年。引注。）未赴春官，幸得剖明。更于丙午（康熙五年。引注。）之春，罹先君子大故，支离踣困，殆不可言。谬忝殊科，甚非所望，头发渐白，甫又西抹东涂，思之真可粲笑。公肃浮沉历载，今已拜大司成之命。贱兄弟同僦一舍，业迎老母在此，只留彦和在家。长安米贵，居大不易，索债剥啄之声，未尝绝也。稔悉塞北迢遥（下阙数字。原注。）雁翁纲纪行，弟适抱病，未及肃书，而依恋之私，未可名状。比来吾兄道体安吉，老嫂令郎俱安，惟有驰仰。闻春间关东米贵，未审如何支持？便羽幸示慰之。

家乡今岁颇丰稔，老伯母以下并佳，弘兄在豫章未回，令侄名树臣者，昨因舍弟条奏成均乏才，令各学贡诸生一人，令侄适膺此选，即日至都门，今尚未到也。雁翁直谏远徙，举朝皆为太息，环召当自有日，与吾兄晨夕共对，谈诗论史，亦塞北一快事也。去冬匆遽，不及作书，希为致意。秋飙初厉，惟珍重自爱，不尽勤拳。闰七月二十五日，弟乾学顿首顿首。』此信《憺园文集》失收。据李兴盛主编《吴兆骞资料汇编》抄录。弘兄即兆骞兄兆宽。

八月

六日，命乾学为顺天乡试副考官。《康熙实录》本日（戊申）：『以翰林院修撰蔡启僔为顺天乡试正考官，编修徐乾学为副考官。』韩菼《徐乾学行状》：『公尝病士子治经义骫骳屈曲以趋时好，率卤莽苟且，侥幸一得，人才将日坏……同主试者德清石斋蔡先生雅服公，一惟公之从。榜出，文体一变，以至于今。识者咸谓功不减欧阳子也。』

韩菼、本年二十岁。纳兰性德、翁叔元、本年四十岁。张仕可张九征第四子。等是科中举。《憺集》三三《河南提学佥事张公行状》：『壬子京兆役，公（张九征。引注。）子仕可名在第二，公手书谢曰：「儿子成名，得足下为座主，乃真足喜。」』

纳兰性德正式拜乾学为师，乾学藉以依附明珠。《憺集》二七《通议大夫一等待卫进士纳兰君墓志铭》：『余忝主司，宴于京兆府，（纳兰性德）偕诸举人青袍拜堂下，举止娴雅。越三日谒余邸舍，谈经史源委及文体正变，老师宿儒，有所不及。』纳兰性德本年作《上座主徐健庵先生书》，载《通志堂集》卷十三。邓之诚《清诗纪事初编》卷六《纳兰成德》：『成德举壬子秋试，由乾学房荐，遂师事之。』

乾学因遗取副榜汉军卷，为杨雍建劾降一级调用。本年四十二岁。韩菼《徐乾学行状》：『会有摭公取副榜不及汉军者，坐降级归。』《清史列传·徐乾学列传》：康熙『十一年……以给事中杨雍建劾奏副榜遗取汉军卷，与正考官修撰蔡启僔并降一级调用。』《先妣行述》：『乾学壬子典试，疏误获罪，当左官。吾母书到，绝不以为意，如辛丑（顺治十八年。引注。）之教元文也。』

十二月十六日，乾学孙徐唐生。树縠次子。据《家谱》。唐初名德份，又名份，字仲质，号茜园。

本年 乾学长子树縠拔贡。《家谱》：『树縠……康熙壬子选拔。』

约本年，元文长子树声娶李氏，本年十七岁。昆山李思赞女。《家谱》：『树声……配同邑李氏，庠生宁臣公讳思赞女。顺治丙申（顺治十三年。引注。）闰五月初六日生，康熙壬寅（康熙六十一年。引注。）九月九日卒。享年六十有七。』

顾炎武来寓元文邸。《校补亭林年谱》本年：『春由山右至京，主甥徐公肃……甥徐孚若（徐履忱。引注。）来省。』

约本年，元文娶侧室陆氏。陆氏本年十七岁。《家谱》：『元文……侧室陆氏，顺治丙申（顺治十三年。引注。）三月二十日生，雍正癸卯（雍正元年。引注。）十一月十日卒，享年六十八。』

约本年，秉义娶侧室陆氏。陆氏本年十五岁。《家谱》：『秉义……侧室陆氏……顺治戊戌（顺治十五年。引注。）正月初三日生，康熙甲申（康熙四十三年。引注。）五月初八日卒。存年四十有七。』

本年乾学诗有《赴京兆宴入棘闱口占示蔡石公同年》《入闱示分较诸君》《撤

棘后赠叶元礼》等。元礼即叶舒崇，本年三十五岁。载《憺集》五。又作《西山赋》《憺集》一。《顺天乡试策问四道》《憺集》三五。《内阁中书舍人黄君哀辞》等。《憺集》三三。黄君即黄礽绪，本年九月逝。

康熙十二年 癸丑 1673 徐乾学四十三岁 徐秉义四十一岁 徐元文四十岁

年初 乾学在京师，居城北。叶方蔼《读书斋偶存稿·连日不见健庵编修今晨苦热特甚走笔奉讯》：『吾居帝城南，君居帝城北。闭户十日散发卧，瘦马不识东西陌。美人娟娟隔清汉，孤身欲傍无羽翼。思君作官未三载，欻忽声华满京国。上殿至尊屡含笑，入坐公卿皆动色。嗟予潦倒恒愁饥，伏处真如裈中虱。床头老瓮倾渐干，月俸不充沽酒直。』叶方蔼前因病假归昆山，去年还京师，补编修原官。今年御试翰林诸臣，方蔼列第一，旋任侍读学士，始成宫中近臣。

去年底或本年初，乾学与钱澄之订交。《憺集》二十《田间全集序》：钱澄之『岁壬子（去年。引注。）冬，忽来都下，馆余座师龚端毅公（龚鼎孳。引注。）家，因与订交欢甚。』

三月 秉义会试中式。纳兰性德与试，因病未廷对。

四月 殿试，秉义探花及第，授翰林院编修。据《家谱》。韩菼同榜状元，王鸿绪榜名王度心，本年二十九岁。同榜榜眼。《家谱》：『主试诸公初得公（指秉义。引注。）卷，击节称绝。拟第一。嗣后得慕庐韩公（韩菼。引注。）卷，移置第二。写榜时，总裁孝感熊公犹持卷太息曰「此瑜彼亮」，啧啧称赏不置。及第后诣监释褐，故事，先行释菜礼，次谒大司成，跪拜于庭。时立斋（元文。引注。）任祭酒，先为退避。满司成独坐受拜。士林无不荣羡。』诣监释褐，指新科进士例行到国子监换官服仪式。释菜礼即谢师礼。大司成即国子监祭酒。元文时任祭酒，应受新科进士跪谢。而其于秉义为弟，旧礼弟不得受兄跪拜，只好回避。满司成即满族祭酒。清制国子监祭酒置满汉各一人。

五月　自本月起，纳兰性德定日往乾学邸从学。徐乾学《通志堂集序》：『自癸丑五月始，逢三、六、九日，黎明骑马过余邸舍，讲论书史，日暮乃去，至入为侍卫（在康熙十五年。引注。）而止。』

乾学陆续介绍翁叔元、本年会试下第，贫甚，尝向性德借钱还里。严绳孙、本年五十一岁，乾学介绍馆于明珠家。姜宸英、本年四十六岁，乾学介绍与性德识。康熙十七年馆于明珠家。朱彝尊、明年结交性德。顾贞观、本年三十七岁。康熙十五年经乾学介绍馆于明珠家。梁佩兰、陈维崧等与性德识。又与性德谋划刊刻《通志堂经解》，性德捐金倡始。严元照《蕙榱杂记》云，为刻印《经解》，『侍卫（指性德。引注。）畀尚书（指乾学。引注。）四十万金。』转引自刘德鸿《纳兰性德研究》。

秋　乾学与叶方蔼、张玉书共邀钱澄之游西山。《憺集》二十《田间全集序》：『余将出京，与叶讱庵、张素存诸公邀之，共游西山萧寺。清宵剧谈，益悉其生平本末。』宣统二年排印本《桐城钱饮光先生遗书》前附《钱饮光先生年谱》止于康熙十一年。光绪三十二年刊萧穆《敬孚类稿》卷五第二十六页《记田间先生年谱》补记钱氏晚年行止：『取《田间诗集》考之，癸丑居京师，甲寅（明年。引注。）春季至天津。』旋离京。魏象枢本年五十七岁，有《送徐健庵编修归里用骑字韵》，载《寒松堂全集》。取道直隶、山东，归昆山视母疾。《先妣行述》：『癸丑岁，吾母偶得黄肿疾，属家人勿使不孝兄弟知，两月而愈。乾学时方候补，闻之驰归。吾母健饭如常。』

即于昆山开始编刊《通志堂经解》，以家藏宋元经解抄本，并借曹溶、本年六十一岁。秦松龄、本年三十六岁。钱曾、本年四十五岁。毛扆、本年三十四岁。黄虞稷、本年四十五岁。朱彝尊诸家藏书汇编而成。《憺集》二一《新刊经解序》：『往者秀水朱竹垞谂予：「书策莫繁夥于今日，而古籍渐替。若经解，廑有存者，弥当珍惜矣。」……予感竹垞之言，深惧今时所存十百之一又复沦斁，责在后死，其可他诿？因悉予兄弟家所藏本，复加校勘，更假秀水曹秋岳、无锡秦对岩、常熟钱尊王、毛黼季、温陵黄俞邰及竹垞家藏旧版书若钞本……谋雕版行世。门人纳兰容若尤怂恿是举，捐金倡始，次第开雕。』《经解》约于康熙十五年刊竣。《憺集》二一《新刊经解序》继云刊刻『经始于康熙癸丑，逾二年讫工。』后人述及《经解》刊竣时间，向有康熙十五年、十九年两说。张任政先生主十五年说。刘建新先生亦然，其《徐乾学》称：『徐乾学入朝时，满洲贵族索额图、明珠同柄朝政，互植私党。急于在政治上有所攀援的徐乾学很快成为明珠的亲信。明珠好书画，徐乾学则投其所好。明珠做寿时，他特地携带金笺立幅拜访王士禛，欲得一诗侑觞。（王应奎《柳南随笔》卷二。原注。）当时康熙尊儒崇经，大力提倡理学，徐乾学将自己三十年来精心搜集、校订的宋元以来解经珍本交给纳兰性德，指导他编成《通志堂经解》一千七百九十二卷，以纳兰性德的名义刊刻。性德康熙十五年中进士，卷帙浩繁的《通志堂经解》也于当年刊成。』而关文瑛《通志堂经解源流考》则称《经解》『告竣于康熙十九年庚申』。叶德辉以为，《经解》随刻随印，且随时排目，故其子目有与实书不合者。《书林清话·纳兰成德刻通志堂经解》：『今《通志堂》全书初印者全部绝少。吾藏初印全本两部，可以睥睨诸君矣……姚元之《竹叶亭杂记》云「《通志堂经解》中有宋孙莘老《春秋经解》十五卷，而目录中无之。山东朱鸢湖在武英殿提调时得是本，以外间无此书，用活字板印之，盖以通志堂未曾付刻也。其时校是本者为秦编修敦甫恩复，秦家有通志堂刻本，持以告朱，朱愕然，不知当日目中何以缺此也。秦云，据其所见，为目中所无者，尚不止此。岂是书有续刻欤？」吾按，是书随刻随印，亦随时排目，故其目录有多寡之不同。』今检诸大图书馆所藏《经解》，又有按类分装者，如《通志堂经解·易类》、《通志堂经解·书类》等，推知初曾分类发售，可证叶德辉所谓『随刻随印』。乾学刻《经解》时，家藏古书尚难称夥，前此亦未见有关传是楼记载，颇疑其大量聚书实自此时始。管庭芬《花近楼丛书序跋集》记李富孙语：『曹秋岳家有宋元版书几近千种，其甲部尽为容若侍卫取去。《经解》之刻，半资于此也。』陆陇其《三鱼堂日记》康熙三十年十二月三日：『三儿除试至郡，寓曹园。（曹溶藏书处名倦圃，在嘉兴府城西门内。陆子寓时，康熙三十年，曹溶卒已六年。引注。）会秋岳次子敬胜讳彦桓，言有宋版书一大橱，俱为成德取去，盖不敢不应也。』《清史列传》卷七十八《曹溶传》记其康熙三年自山西阳和道『以裁缺归里』，十七年荐试博鸿，以丁忧未赴，十九年元文荐修《明史》。即编刊《经解》期间，曹溶一直在嘉兴。如是，性德何以知曹所藏？即知，其于古籍版本去取亦无所据，当一依乾学授意。乾学本年前后藏书有限，且多为抄本。黄宗羲《南雷文约·天一阁藏书记》：『癸丑，余至甬上，范友仲破戒，引余登楼，悉发其藏，余取其流通未广者抄为书目……余之书目，遂为好事流传。昆山徐健庵使其门生誊写去者，不知凡几。』可知乾学本年始知天一阁藏书目，则其所藏抄自天一阁诸书，多为本年后所抄。传是楼稍晚始具规模，见本谱康熙十六年。或乾学以性德刊《经解》为由，乘机扩充私藏亦未可知。康熙二十一年，乾学自京师寄曹两诗（载《憺集》七）多恭维语，后人好引以证乾学聚书之苦。曹溶逝（康熙二十四年）后，其藏书之精者尽归高士奇（见《藏书纪事诗》及王欣夫《补正》），或亦由乾学为介。《经解》各书前均附性德署名之《序》，各书后均署『性德校订』，书口下端均刻『通志堂』三字，颇为后世诟病。姚元之《竹叶亭杂记》卷四：『《通志堂经解》，纳兰成德容若校刊，实则昆山徐健庵家刊本也。高庙有「成德借名，徐乾学逢迎权贵」之旨。成为明珠之子。徐以其家所藏经解之书荟而付梓，镌成名，携板赠之。序中绝不一语及徐氏也。』叶德辉《纳兰成德刻通志堂经解》：『《通志堂经解》表彰宋元人遗书，其功诚不可没，然主裁者无卓识，而门户之见过深，凡诸家经解非程朱一派则削而不录……《经解》本为徐乾学所刻，何焯所校《通志堂经解目录》屡称东海，是当时并不属之纳兰成德也。乾隆五十年二月二十九日奉上谕：「四库全书馆进呈补刊《通志堂经解》一书。朕阅成德所作序文系康熙十二年，计其时成德年方幼稚，何以即能淹通经术？向即闻徐乾学有代成德刻《通志堂经解》之事。兹令军机大臣详查成德出身本末，乃知成德……癸丑科中式进士，年甫十六岁。（癸丑为康熙十二年，时性德已十九岁。且性德是科未与廷试，至康熙十五年始成二甲七名进士。引注。）徐乾学系壬子科顺天乡试副考官，成德由其取中。夫明珠在康熙年间柄用有年，热焰薰灼，招致一时名流如徐乾学等互相交结，植党营私，是以伊子成德年未弱冠，夤缘得取科名，自由关节。乃刻《通志堂经解》以见其学问渊博……可证为徐乾学所裒辑，令成德出名刊刻，俾藉此市名邀誉，为逢迎权要之具耳。夫徐乾学、成德二人品行本无足取……朕不以人废言，故命馆臣将版片之漫漶断烂阙者补刊齐全……」』刘德鸿《纳兰性德研究》第324页：『乾隆帝诋毁纳兰性德，因为性德弟揆叔是雍正政敌、康熙第八子允禩的支持者，曾竭力拥戴允禩谋取王位……（乾隆帝）将对揆叔的怨恨扩散到对性德的丑诋……乾隆帝的好恶公诸于世，自然有人群相附和，姚元之等人诋毁性德当作如是观。』郑伟章《文献家通考·纳兰性德》：性德『费赀四十万金，刻《通志堂经解》一千八百零五卷，时人谓实乾学所刻，以板归纳兰性德，始于版心下方补刻「通志堂」三字，故后来乾隆有「成德借名、乾学逢迎权贵」之讥。』而张任政《纳兰性德年谱》为开脱云：『纳兰性德是年举进士，以病未廷对……假抄徐健庵家藏旧版若抄本宋元以来诸儒说经之书，得一百四十四种，一千七百九十二卷，捐赀经始，延顾伊人湄为之校定，雕版行世，曰《通志堂经解》……何义门（何焯。引注。）虽力诋之，不可没也。或议其非己捉刀，然卷帙繁重，请人助以校订之事，固未为异，观（性德）所撰《经解序》云：「请捐赀经始，与同志雕版行世。」徐乾学《经解序》云：「门人纳兰容若尤怂恿是举，捐金倡始，同志群相助成。」是健庵固未尝以此归诸先生，而先生亦未以己一人居其功者。』今取《经解》

诸书与乾学逝后冠山堂所刻《读礼通考》相对照，其版式、字样、行格如出一辙，则《经解》刻于昆山徐氏无疑。

太仓顾湄 本年四十岁。为主《经解》校勘，馆于乾学家，兼课徐氏子弟读。《国朝耆献类征初编》卷四百十七《顾湄》：『湄本惠安令程新子。新与顾梦麟善。梦麟无嗣，幼鞠湄，遂姓顾……《通志堂经解》，纳喇性德所刻，而徐乾学延顾湄校正之。』有关顾湄早年事，本谱顺治二年已略及。冯其庸先生《吴梅村年谱》第60页据《确庵先生诗抄·次韵和伊人四十述怀》推算顾湄生于1633

年。而古人甫出生即计一岁，则顾湄当生于 1634 年。叶昌炽《藏书纪事诗》卷四《顾湄伊人》记述顾氏事颇丰，可参。邓之诚《清诗纪事初编·顾湄》：『「慎交」、「同声」社兴，皆以得湄为重……徐乾学慕其名，延馆于家。时刻《通志堂经解》，湄校雠之力为多。』何焯《通志堂经解目录》述及顾湄校订《经解》颇有微词：『《大易集说》十卷……何焯曰：此遵王（钱曾。引注。）元本。惜属伊人所校，板心大谬。』『《尚书表注》二卷……何焯曰：金仁山《表注》，名重而书仅中等，且元刻有残阙。补全者未可尽信，是顾湄伊人妄为补全耳。』『《合订删补大易集义粹言》八十卷，成德编。何焯曰：《集义》《粹言》本系两书、两人所著，今合编之，颇属杜撰。』何焯游乾学门在康熙二十四年。徐见本谱是年引。顾湄编校《经解》在昆山徐府，时纳兰性德在京师，两人并未谋面。而后人多称性德与顾湄有关，不知所据。张任政《纳兰性德年谱》称性德『延顾伊人湄为之校定』。关文瑛《通志堂经解提要·通志堂经解源流考》亦称性德『延顾伊人湄为之校正』。邓之诚《清诗纪事初编·纳兰成德》：『先于己未（康熙十八年。疑误。引注。）为刻《通志堂经解》……《经解》之刻，顾湄实任校勘。疑其序（指《经解》署名纳兰性德诸序。引注。）皆湄代笔。』殊不可解。

乾学逝后，《经解》版片收入内府。乾隆年间，乾隆帝曾命四库馆臣用《经解》存版重印发行。则今之流传《经解》诸书，又有乾隆年间刷印本。

关文瑛《通志堂经解源流考》：『容若殁后版藏健庵尚书家，世多称为「徐氏九经解」，并通志堂而移之，实相传之误。流传既久，原版或剥蚀不全，乾隆五十年乃由《四库全书》馆臣将版片漫漶断阙者补刊齐全。』近年出版有关《通志堂经解》之论文专著中，寓目所及，以林庆彰、蒋秋华主编《通志堂经解研究论集》（台北中研院文哲所 2005 年版）、陈惠美《徐乾学及其藏书刻书》（台北花木兰文化出版社2007年版）等颇有价值。

昆山归庄　本年六十一岁。编刊其先人归有光《归太仆文集》未竣，八月逝于里。归庐《归玄恭先生年谱》本年：归庄『《与徐原一乾学、公肃元文书》论刻《太仆集》中有「刻成者已及半」及「马齿及耆元日诗，即以自寿」等句，当是是年寄……先是，《太仆集》有昆山、常熟二本，颇多纰缪，庄尝请常熟钱谦益订正，醵金付梓。病剧，以授玠。（归玠，字安蜀，归庄从子。引注。）卒踵成之。安蜀公《太仆全集识》云：「是集之刻始于辛亥岁，（康熙十年。引注。）迄癸丑仲秋，《全集》已刻十之七，不幸先叔恒轩府君中道捐馆。」』乾学归后为竟其事。《憺集》十九《重刻归太仆文集序》：『归子元恭（归庄字玄恭，为避玄烨讳，写做元恭。引注。）刻其曾大父（归有光。引注。）《太仆公文集》若干卷，未就而卒。予偕君子及其从子安蜀续成之，计四十卷。初，《太仆集》一刻于吾昆山，一刻于常熟……元恭惧久而失传也，乃取家藏抄本就钱牧斋宗伯（钱谦益。引注。）校雠编定次第之……元恭负盛才，既穷且老，日抱其遗书而号于同人醵金而刻之，垂竣身没，不见其成。』《震川先生集》前附此序末署『康熙十四年乙卯春三月同里后学徐乾学序』，《憺集》此文无款。《归集》或即十四年刻竣。

本年　乾学曾致信吴兆骞，计划为兆骞刊印诗集事。信佚。据康熙十五年乾学致吴信。

本年乾学诗有《御试大阅七言排律十二韵》《喜仲弟彦和及第同三弟作》。《憺集》五。文有《万寿颂》，《憺集》一。代龚鼎孳作《韩元少制艺序》。《憺集》二二一。龚鼎孳为本年会试主考，本年九月以五十八岁逝。韩元少即韩菼。

康熙十三年 甲寅 1674 徐乾学四十四岁 徐秉义四十二岁 徐元文四十一岁

乾学在昆山侍母，间游太湖周边及杭州。

秉义在京师庶常馆学。

三月 十七日，乾学孙（树穀三子。）徐绵生。后约于康熙四十二年，徐绵出嗣元文次子树本。《家谱》：『绵……字叔延……康熙甲寅三月十七日生，乾隆甲子（乾隆九年。引注。）十一月十一日卒。』

五月 元文擢内阁学士，兼礼部侍郎，寻充《太宗实录》副总裁。据韩菼《徐元文行状》。《清代职官年表》称元文任内阁学士在六月十二日。

九月 九日，孙枝蔚（本年五十五岁。）作《九日汪叔定、季角招饮见山楼同程穆倩、姜西溟、徐原一》。《溉堂续集》卷五。汪叔定即汪耀麟。季角即汪懋麟，耀麟弟。姜西溟即姜宸英。此诗作于九月九日。又，韩菼《徐乾学行状》曾记有乾学与姜宸英在野外读古碑一事，颇生动有趣，而时间不详，姑系于此：『乾学自少至老，书无日不与手目偕，一过不忘。尝与姜孝廉宸英同观古碑，碑甚高，公令人扶掖升高横阅之。已，又横阅其中间，复俯而横阅其下，遂能尽举其辞。孝廉大惊，以为绝才无对也。』

本年 乾学三子树敏补廪生。《家谱》：『树敏……年十五游庠，既补廪。』

本年乾学诗有《题汪叔定小像》《海盐同吴修龄、彭骏孙用前韵作》吴修龄即吴殳，太仓人，隐居昆山。《昆新续志·游寓》吴殳传：『康熙乙亥（康熙三十四年。引注。）卒，年八十五。』则吴殳本年六十四岁。彭骏孙即彭孙遹，本年四十四岁。《同顾伊人赴云栖出尊甫织帘先生倡和诗册次原韵》顾伊人即顾湄。织帘先生即顾梦麟。云栖寺在杭州。《题云栖寺次韵同伊人作》《赠云栖静居上人用前韵》。诗中乾学自注『乃弟修龄同游』，知静居上人为吴殳兄。以上诸诗俱载《憺集》八。本年乾学文有《题吴梅村先生爱山台上巳宴序卷》。《憺集》三五。

元文孙 树声子。徐德寅约生于本年。

朱鹤龄 本年六十九岁。作《寄徐太史健庵论经学书》。《愚庵小集》卷十。

康熙十四年 乙卯 1675 徐乾学四十五岁 徐秉义四十三岁 徐元文四十二岁

乾学在昆山故里。间游扬州、苏州、金陵、松江等地。时已在苏州置别业。

本年后引《张恂如呈控徐乾学炙诈婪赃逼死父命状》称乾学『于八月十三日约父会于苏州祖家园』，原注『今名徐家圈矣。』据此知乾学此时已在苏州置房产。康熙二十九年乾学为高士奇作《赐金园记》中有『予有花溪草堂，荒芜久矣，为澹人作记，何能不悲』句。又，黄丕烈《荛圃刻书题识》卷七跋《王建诗集》：『玉峰徐炯即传是楼后人，曾住我郡（苏州。引注。）齐门内花溪。』今苏州市北拙政园一带仍有齐门地名，惟不知花溪草堂是否即所谓『徐家圈』。又，本谱康熙三十年引《徐乾学行状》称乾学尝避居苏州西『华山之凤村』。或乾学于苏州所置房产不止一处。

四月 元文改翰林院掌院学士兼礼部侍郎，充日讲起居注官，进讲《通鉴纲目》。韩菼《徐元文行状》：『乙卯四月，改翰林院学士兼礼部侍郎，充日讲官起居注……公日与桐城张公（张英。本年三十九岁。引注。）进讲弘德殿……一日，上谕公：「《四书》屡经讲读，熟晓文义。每观《通鉴》，备载前代得失，深有裨于治道，应与《四书》相参进讲。作何摘取，撰拟讲章。」公疏言：「臣等承奉纶言，不胜忭庆，窃以朱熹因《通鉴》修成《纲目》……臣等拟从《纲目》中详加决择。」上是之。公退而属诸词臣分撰讲章，必手自裁定，务举其要而畅其旨，相当务之急以立言，未尝不说之详而返之约也。』

五月 元文教习庶吉士。韩菼《徐元文行状》：『五月，教习庶吉士。时中允公（秉义。引注。）方读书史馆，公（元文。引注。）疏辞。上特免中允公教习，而不允公辞。』按旧礼制，弟当敬兄，徒当敬师，惟弟为师时两难。故元文疏辞。又，张玉书《徐元文神道碑》、陈康祺《郎潜纪闻初笔·昆山徐氏科名之盛》均言元文教秉义事在癸丑（康熙十二年），存疑。

七月 乾学为母办六十寿庆。《先妣行述》：『吾母六十初度，独乾学侍膝下。京师诸公并以诗文相庆贺，而四方名贤长者，多枉过陈祝嘏之辞，自岁首至孟秋未已……吾母过介寿之日，（在二十八日。引注。）促乾学治装北行，劝谕再三，然拜别之时，恋恋不忍舍，非如曩者潞上词色……乾学兄弟于释氏之书茫然不知，吾母述梵夹及五宗源流如数流眉。昨岁（即本年。引注。）乾学陪侍过邓尉支硎间，爱华山泉石之胜，留连三日，日夜论宗旨，乾学虽懵懵未省，而已知吾母所得深矣，特未尝轻以语人，所告者，寻常日用之事而已。』吴绮、彭孙遹、魏象枢等均有诗祝。见《林蕙堂全集》、《松桂堂全集》、《寒松堂全集》。

施闰章曾在南京会晤乾学，又至昆山。 施闰章《施愚山集》：『乙卯春夏间，闻昆山徐太夫人累受封于朝，适当六十初度。长公健庵太史请假适养，征文词，大集宾客吴会间，为太夫人寿。章寓诗一篇，得报书，更属为文。已，相见金陵，又固属之……余未获登堂拜太夫人，而尝交顾子宁人，（顾炎武。引注。）太夫人之弟也，（原文误。炎武为顾氏兄。引注。）于是知其姊氏贤。』《施愚山集》中《徐健庵编修洗砚图》《登玉峰顶兼怀徐立斋侍郎》《徐健庵编修重集憺园分得微字》诸诗，当亦作于本年。

长洲张希哲 生卒年不详。**得职山西稷山知县，乾学以元文为其在宫中斡旋索要银两。** 张希哲此前以广德州岁贡生捐得太仓州学正，升山西平阳府稷山县知县。因病未即赴任。本年报痊。后康熙三十年，张希哲子张恂如将此事写为控状，呈报时为乾学政敌之两江总督傅拉塔。《清代档案史料丛编》第五辑《张恂如呈控徐乾学炙诈婪赃逼死父命状》：『原籍江南广德州附居苏州府太仓州儒学生员张恂如具呈……父讳希哲……于康熙十四年七月初一日，奉旨给凭赴任。（稷山知县。原注。）健庵于七月十三日致父札犹称「三舍弟（徐元文。原注。）两次信到，云抚疏竟是不准之意，甚为不妥」云云。此际健庵尚属未知都中事也。父于七月十六日已接得京中之报，健庵犹未之知也。父于是日遣人奉闻。及至二十三日，健庵遣人致札，内称「恭喜年翁即日花县，家季（徐元文。原注。）为此费尽绵力，三品大僚，匍匐经营，无所不至，多方拮据，应用千五之数，厚息以付」云云。是日健庵札使甫到。舍主颛庵先生（王掞。原注。）自都中寄出之札，七月初二日者，内已有部覆抄录，实为可据。其札使亦系二十三日到，与健庵之使先后进门。伊时徐、王两宅札使同酒饭而去。至二十六日，健庵又致一札，内称「顷舍弟（徐元文。原注。）字又到，乃初七日者。初八日方上本，旨意在初十、十一可下。此事费尽心力。甚用为累，种种俱欲面悉也。他处所言，恐嘱未必。」云云 …… 窃思立斋伊时已三品大僚，身列朝班，即如健庵所云，于父之事匐匍经营无所不至者，岂于七月初一日旨意已下，竟茫然不知 …… 即此一札之二语，健庵之捏饰可证，健庵之婪诈可见。（乾学）于八月十三日约父会于苏州祖家园，（今名徐家圈矣。原注。）勒父写一千五百两三借票，外加平头六十两，从七月初一日开始，每月加五起利。父非不知健庵之设局婪诈，心虽实为骇异，只因五百两一票、一百两一票，已在健庵之手，况健庵称「平阳太守待考。是我亲家，来年大计，在我家兄弟身上。」等语，威艳声势如此。父以孤踪下吏，故不敢不一一遵命。始而遣纪纲于稷署（当指山西平阳府稷山县官署。引注。）频频逼索，继而假手于徐盐院讳诰武号孟柢先生（金坛县人，十七年巡视山西河东盐政，现任户部左侍郎。原注。）以横征，终而发难于里居以炙诈，共婪炙司兑纹银参千壹百贰拾捌两 …… 致父揭典变产，抱恨终天 …… 将健庵亲笔七札附后 …… （如下为控状所附乾学致张希哲信。引注。）「别久甚念。尊事舍弟大费心力，部中已严驳，力挽之始定此稿。今只待本到，即可相商。其详须面悉也。不具。弟乾学顿首冲。」「清秋荣发，想别饯河干，忽马逾岁，弥切瞻依。想老年翁下车以后，弦歌雅化，已沾渥河汾间，羡企何极！兹启代那一项，因荷夙好，重以谆谕，故舍弟不殚多方拮据，始克有济。讵以逾时，未蒙清理。弟一官拓落，僦舍长安，炊珠燃桂，日不暇给，而索前项者哓哓踵至，虽极口支吾，终无以应。徙薪薄力，未敢言劳。而复令其代为补苴，其奚以堪？今特再遣小奴走领，万祈俯鉴苦衷，即为慨赐，感荷靡量。临启可胜翘切，一卮将贺，幸存之。小伻二月中必令之入京，乞一顿本利算足，勿少迟延，累弟赔补。千万千万。来入甚可托付者。又行。弟另具。左玉。」』此文作于康熙三十年十月十六日。文后附有明年乾学致张希哲信。见明年引。乾学固贪，所见史料披露其贪贿事非止此一件，顾此时乾学官不过七品，如此无所忌讳，颇疑其索贿或为交付明珠，而非为己或元文。《清代人物传稿》上编第六卷《明珠》：『明珠性贪墨……当国之初，因军费浩繁而广辟财源，入资得官者甚众……凡督、抚、藩、臬缺出，余国柱（明珠死党。引注。）等无不将缺展转出卖，索贿不满欲不止……明珠的作风对官场和社会风气发生了恶劣影响……花钱买督抚、学道，就从任上赚回来，因此督抚等官愈是剥削，学道多方取贿，民间重困，文教大坏。』

八月

乾学援例捐复原级，仍任编修。遂取道安徽、河南上京。韩菼《徐乾学行状》：『乙卯，复原官。』《清史列传·徐乾学列传》：『十四年，援例捐复原级，仍任编修……（秉义）十四年充浙江乡试正考官。』

秉义敕授孺林郎，恩诏加一级，出任浙江乡试正考官。据《家谱》。万言是科中举。据方祖猷先生推测，后来万斯同为徐氏兄弟所特识，即因本年万言推荐。除万言外，徐秉义还录取了陈锡嘏、仇兆鳌、范光阳等黄宗羲弟子。详见方祖猷先生《万斯同传》。试毕，秉义回昆山。旋上京。八月再回昆山。《先妣行述》：『乙卯之秋，秉义奉命典试浙闱，事竣便道过里居。吾母勉以王命，促之赴京。（秉义）既复命，即以病告归。（乾学）方谓「有子奉养膝下，得遂晨昏之乐」。

本年

不意定省甫逾月，而吾母已病。』

乾学次子徐炯约于本年娶武进庄氏。据《家谱》。庄氏为顺治六年进士、提督河南学政庄潮生女，顺治十四年一月八日生。本年十九岁。与徐炯同岁。《先府君行述》：『树炯，乾学出。聘庄氏，前戊辰（明崇祯元年。引注。）进士、刑部侍郎素鹤公讳应会孙女，己丑（顺治六年。引注。）进士、刑部主事、前翰林院检讨静庵公讳朝生女。』查《毗陵庄氏增修族谱》，徐炯所娶为庄朝生四女，无锡施氏所生。庄朝生与庄存与祖父庄绛平辈，则徐乾学为存与祖辈姻亲。

元文次子树本娶宋征舆女。《先妣行述》：『树本，元文出，监生。娶宋氏，华亭丁亥（顺治四年。引注。）进士、都察院左副都御使直方公（宋征舆。已逝。引注。）孙女，官荫河宗公（宋泰渊。引注。）女。』光绪五年刊《重修华亭府志》卷十六有征舆传。据《清代职官年表》，康熙五年征舆迁都察院御使，康熙六年八月卒于任。

本年乾学文有《湖广按察司提学佥事候补布政使司参议元仗李公墓志铭》《憺集》二十八。元仗李公即昆山李可汧，乾学女婿李邦靖（见本谱康熙九年）祖，本年二月卒于里。《铭》略云：『可汧字宾侯，又字元仗，别号处厚，世为昆山望族……乙未（顺治十二年）成进士……候补布政使司参议，需次在家。以康熙十四年二月十六日卒，年六十……子四……孙七，长邦靖，庠生……为余女婿，不幸早卒。次邦直，庠生，娶金氏，余妻之弟子，（即乾学内侄女。引注。）余妻所抚也……公素寡交，独于余兄弟厚善，又忝姻娅，过公精舍，每涕泣不能已。』徐、李姻亲不止文中两宗。李可汧为顾锡畴女婿，乾学姑父（顾锡畴长子）之妹夫。《汪太公观澜九十寿序》《憺集》

二十四。汪太公观澜为汪懋麟父，时在江都。《梅耦长诗序》等。《憺集》二十。梅耦长即梅庚，宣城人，梅文鼎族侄，生卒年不详。或由施闰章介与乾学识，本年至昆山祝徐母寿。

朱鹤龄寓吴江，本年有《徐健庵太史过访》诗。《愚庵小集》卷二。诗中朱氏自注：乾学『尝兼金助雕锓甫草《弘人文集》。』甫草即计东。

康熙十五年　丙辰　1676　徐乾学四十六岁　徐秉义四十四岁　徐元文四十三岁

乾学在京师，升右赞善从六品。韩菼《徐乾学行状》：『升右赞善。』乾学上《文治四事疏》，议宫詹之设、词臣值班、征求遗书及继修《明史》四事。《憺集》十。

二月　黄宗羲本年六十七岁。之海昌讲学。秉义往听讲。乾学遣门客彭孙遹往学。黄炳垕《黄宗羲年谱》本年：『二月，黄宗羲之海昌。安阳许侍郎酉三三礼为邑令，以公曾主教于越中、甬东，戒邑士大夫胥会于北寺。昆山徐果亭秉义宫詹来，健庵大司寇遣门人彭羡门孙遹来。』乾学本年仅为赞善，不应称大司寇。见本谱康熙十一年引《履园丛话》注。姜宸英尝言：『昆山徐司寇健庵，吾故交也。能进退天下士。平生故人并退就弟子之列，独吾与为兄弟称。』载《方苞集·记姜西溟先生遗言》。彭孙遹与乾学同岁，称门人，当即姜氏所谓『退就弟子之列』者之一。

顾炎武来京师，寓乾学邸。《校补亭林年谱》：『二月，入都主原一甥邸寓。三月往山东。』

会试，翁叔元、纳兰性德、叶舒崇叶燮侄，本年三十七岁。等成进士。翁叔元为是科探花，纳兰性德二甲第七，叶舒崇二甲第五十。张任政《纳兰性德年谱》：『康熙十五年……先生二十二岁，殿试二甲七名，赐进士出身……授三等侍卫。』

四月 二十二日，乾学有信致吴兆骞。全文如下：『故人绝塞，梦想为劳。倾从大冯得见手书，具审安善，甚慰驰仰。弟乾学前岁癸丑左官回家，今改还原职，客冬赴补，循次已转宫僚。而家仲校士两浙，近始回京。家三弟由内阁调掌院学士。贱弟兄寓舍皆在宣武门西，谅吾兄未悉近况，转寄此奉报。雁群先生深念之，希为致意。前者之事，亦刻刻与家弟留意，为之绕床累夕也。客冬，深望浩荡，属言路直陈，而终多扞格，惟有长叹。适大冯云有便音，冗中草此数字，附四金伴柬。见字可付一报书，并以平生诗文邮寄，弟当序而梓之。三年前曾及此，耿耿不忘，幸无遗弃。临纸惟有驰结。四月廿二日弟乾学顿首。』此信《憺园文集》失收。据李兴盛主编《吴兆骞资料汇编》抄录。此信本年六月二日寄达吴兆骞，吴有《奉徐健庵书》，载《秋笳集》卷八。

五月 顾炎武复入都，仍主乾学家。二十八日，顾炎武生日，乾学具酒称贺。钮琇《觚剩续编》卷二：『亭林先生貌极丑怪，性复严峻……东海两学士（指乾学、元文。引注。）宦未显时，常从假贷，累数千金，亦不取偿也。康熙丙辰，余在都下，而先生适至，两学士设宴，必延之上座，三醻既毕，即起还寓。学士曰：「甥尚有薄蔬未荐，舅氏幸少需，畅饮夜阑，张灯送回何如？」先生怒色而作曰：「世间惟淫奔纳贿二者皆于夜行之，岂有正人君子而夜行者乎？」学士屏息肃容，不敢更置一词。』张慧剑《明清江苏文人年表》本年：『顾炎武自山东至北京，寓徐乾学家，书告潘耒，以所见「蝇营蚁附之流，骇人心目」为恨，戒耒自定出处。』所谓书告潘耒，指《亭林馀集·与潘次耕书》

『原一南归，言欲延次耕同坐……』

秋

昆山遭水灾。秉义告假归昆山。据《家谱》。乾学、秉义响应江宁巡抚慕天颜倡议，各有捐赈。本年五十五岁。《憺集》三四《与友论社仓书》：『社仓一事，自少时奉先人之诲，即誓心力举，怀此三十年而未酬……今恳兄弟辄各捐米千石，稍为乡邑凶荒之备，而身羁辇毂间，不能追从诸贤后尘，讲明条约，顷者儿曹南还，特令奉教左右。要之，此事虽输材极不易……惟规画经久，推行无弊，此为最难。』《昆新合志》卷四十六收入此文。《昆新合志》卷三十六第十二页收入朱用纯《与徐道积书》，计划社仓管催散给事。或《与友论社仓书》之『友』即朱用纯。徐秉义《赈饥录序》（据《昆新合志》卷四十六）：『三吴夙多水灾，吾昆尤处洼下。丙辰之秋被灾尤剧……幸大中丞慕公勤恤民隐，首割俸金，议设厂作粥赈饥，藩宪以下各有捐助……间一日，先太夫人呼秉义而命之曰：「民饥若此，汝曹幸荷国恩，寒不至冻，饥不至馁，可不与贤人长者图补救之策乎？其各出家粟，以为义助者倡。」秉义奉命惟谨……故叙其始末。』此文作于明年七月。此为徐氏兄弟与慕天颜结交之始。慕为明珠麾下要员，孙在丰亲家。其事迹见《纳兰性德研究》及《清代人物传稿》上编第八卷高翔《慕天颜》。此后乾学与慕氏来往渐频。慕氏或为乾学依附明珠之又一途径。参见本谱康熙二十一年所引乾学撰《江左兴革事宜略序》。后约康熙二十七年钮琇尝代乾学撰《为徐司寇与慕中丞求婚启》，见本谱是年。

九月

元文充武闱主考。张玉书《徐元文神道碑》。本年武闱九月十四日开考。《憺集》六有诗《病中怀舍弟在武闱》。

十月 **乾学妻金氏与翁叔元妻钱氏同舟抵京。**《先妣行述》：『今岁遣乾学妇（金氏。引注。）入京，送至毗陵，诸孙劝之归，曰「姑再聚斯须」，口不言，而黯然神伤矣。』《憺集》三十《翁铁庵元配钱夫人墓志铭》：『铁庵，余京闱（指康熙十一年顺天乡试。引注。）所录士，以古谊相勉。往岁丙辰，余妻北来，夫人（钱氏。引注。）与方舟而行，阻风守闸。辄与相见，执礼甚恭，曰：「吾夫妇阨穷，自分饿死，微座主，何以有今日。」自是往还起居，馈遗无虚日。说铁庵穷时事，往往呜咽不能出声。吾妻亦为之泣下。』乾学本年为翁叔元作《翁宝林稿序》，载《憺集》二十二。《翁铁庵自定年谱》本年：『四月，授翰林院编修，以翰林学士满洲纳喇公、昆山徐公为教习师……十月，室人挈次女来京。』另据刘德鸿《纳兰性德研究》，翁叔元实由纳兰性德资助，中探花后旋升国子监祭酒，成为明珠亲信。后弹劾汤斌时，翁为主力。

万言、万经到京，馆于元文斜街邸。方祖猷先生撰《万斯同传》：『万言康熙十四年中副榜后，次年即治装北上……到京师后，往徐元文的斜街官邸拜访他……馆于徐氏。徐元文凡有所撰著，万言「必侍坐，析疑辨异，至茶倾烛拔不厌。」（《管村文抄》卷三《祭徐相国夫子文》。原注。）这段时间，他（万经。引注。）自然把万斯同的经史才能详尽告知了徐氏兄弟。康熙十五年冬，徐氏母亲卒……万言也随着到昆山。』

十一月 **七日，乾学母顾氏卒于昆山。二十四日，乾学闻讯，即于京师作《先妣顾太夫人行述》。**《憺集》三三。《先妣行述》：『吾母病以十月二十四日，至十一月七日长逝……乾学、元文身在京师，弗获亲视含殓，蓬跣归籍，抱痛终天。秉义、亮采虽家居奉养，侍药无状，负罪莫道。」《校补亭林年谱》：『冬十一月二十四日先生第五妹徐太夫人讣到。二十七日成服，越二日祭奠。」本年顾炎武从子顾洪慎生子世枢，顾炎武立为殇子诒谷后。乾学为作《立孙议》，载《憺集》十三。魏象枢有《诰封徐母顾太夫人神道碑》，载《寒松堂全集》。

乾学兄弟因事未即奔丧。明年二月始回。韩菼《徐乾学行状》：『冬，顾太夫人卒。先是，公为孝廉而丧赠公，哀毁甚，三年不内寝，丧葬一以礼。及丧太夫人，如之。」韩菼《徐元文行状》：『十一月，丁太夫人忧归。」此系韩菼推言。元文南归亦在明年二月。又，《张恂如呈控徐乾学炙诈婪赃逼死父命状》所附乾学本年致张希哲信称：『不孝（乾学自称。引注。）……治丧已毕，即拟擗踊南奔。而前逋为累，尚尔滞留……」见后引。

本年

乾学孙女　徐炯女。徐氏约生于本年。据《家谱》。此女后嫁韩菼子韩孝潔。

乾学曾致信稷山知县张希哲数通，为索贿事。有关乾学向张索贿事，参见本谱去年及康熙二十九、三十年。如下三信摘录自《清代档案史料丛编》第五辑《张恂如呈控徐乾学炙诈婪赃逼死父命状》，其状为张子恂如康熙三十年所上。徐乾学致张希哲之一：『不孝（乾学自称。引注。）罪重孽深，致先慈弃养，万死莫赎，悔恨难追。负痛终天，荼酷至极。年翁（敬称张希哲。引注。）情关骨肉，闻之必为惊悼。治丧已毕，即拟擗踊南奔。而前逋为累，尚尔滞留，刻刻欲死。向日为年翁一片热肠，反负重累，至遘此闵凶，而犹受子母家气。此皆旗下之债，年翁必为恻然不安者也。小价传述台谕，谓京中所费无有此数。苟或多开纤毫，天日可鉴。舍弟身为大僚，岂忍欺年翁并欺弟，此不可不亟辨者也。利银随本银算扣，无有先还本之理。今遣奴到晋，乞多方挪借，一并算足，勿小有未了，致不孝赔补有虚。不孝拳拳苦心，草土中不胜翘望。土公处又托查学士嘱之，幸惟放怀。小价一到，乞即算结。至切！至切！不孝名心叩。」徐乾学致张希哲之二：『小价到京，接奉手翰，缕缕备悉。先遣小奴高大西来，到署定久，欲言业悉前书，弟之为老年翁不遗余力者，弟实佩服。矩范不辞经营，皆人所不肯为之事。今思之反自寻烦恼，自己受累。弟于年翁事，岂有希冀而为之？此苍天可证也！索逋踵至，京师竟无处挪移，苦趣万千，年翁尚缓视之，使弟何以支吾耶？凡借债，本利须一并算清楚，断无先还本不付利之理。若迟迟，则目前将何以赔垫？幸急急设处，付高奴持归。至恳！至恳！至小价辈开罪，弟当痛责之。若遣使催取，情非得已，天下亦未有交往素厚而不通信使者，似于仁声无碍也。府尊书来，极居功盖，弟深责敝门人王季友。季友时时丁宁其岳父，是以委曲照管，不可不感也。中堂高阳候札及祁少司空、袁通政三处，即当虔候。希示。缕缕不一。弟名另具。七夕后三日。欲送银壹百贰拾两，送太尊转付解州介宅，幸设处送去，于利银扣加算。又行。」徐乾学致张希哲之三：『昨武科回邑，小札已登览否？接教具知老年翁清操，坚贞不改，儒素不虚。弟一番热肠相为，有喜快而已。但弟此项借贷急件，今度日如年，年翁宜为体谅，多方区画，结清此局。为嘱。山右忽生大狱，道台守公亦在事中，正不知若何。有新官出京，自为切嘱，缕缕不具。弟忽生一痈，几至性命不保，今已渐愈矣。舍弟在武闱。附闻不一。九月十八日。弟名正肃。」

《通志堂经解》于昆山陆续刊行。张任政《纳兰性德年谱》：『康熙十五年……《通志堂经解》刊成。徐健庵《通志堂经解序》云：『经始癸丑，逾二年讫工……』按先生所撰经解各序，均在丙辰、丁巳二年（康熙十五、十六年。引注。）间，至健庵之序则在庚申（康熙十九年），计已逾癸丑（康熙十二年）六年，所云「逾二年讫工」，殆指《经解》，其序跋或于竣之后所为者。』今以为，无论诸序出于谁手，其各序或均作于《经解》部分刊行时，以叶德辉所谓『随刻随印』为是。

吴兆骞《秋笳集》于昆山刊行。 邓之诚《清诗纪事初编·吴兆骞》：『所撰《秋笳集》，乾学所刻者……首载兆骞《与乾学书》，有「遭难十八年」语，当刻于丙辰。』《秋笳集》之刻，实为营救吴兆骞之第一步。本年乾学通过顾贞观向明珠提出营救吴兆骞事。刘德鸿《纳兰性德研究》：『康熙十五年十二月，顾贞观向纳兰性德提出拯救难友吴兆骞的要求。』贞观为乾学世交，本年始馆于明珠家。贞观父顾枢与乾学族伯父徐开禧（见本谱明崇祯八年）为同年举人。顾枢卒后，其墓表即为乾学所撰（《憺集》三十二）。《清诗纪事初编》所谓康熙十五年刊本《秋笳集》未见。检得雍正四年序《秋笳集》八卷本，前附吴兆骞子吴振臣雍正四年秋八月跋一篇，称：是集『共八卷，先君子汉槎先生所作也……昆山徐健庵先生悲故人之沦落，千里命介索其草稿，梓以问世，古人之交情不以穷通少异有此者……今振臣年过六旬……爰就旧刊，增以家藏，析为八卷，汇成一集。其前四卷系健庵所刻，后四卷则所增也……健翁索稿之先，值老羌之警，遗失过半……今次所补皆从故旧处搜罗所得，殆未及十之一二……闻之昆山某氏收贮颇多，振臣曾力为寻访，而已移居村舍。』又，本年吴绮有诗《读秋笳集有感呈徐健庵同年》，载《林蕙堂全集》。

顾湄《重修虎丘山志》成，驰书京师，乾学为序。 《憺集》二十一《虎丘山志序》：『新刻《虎丘山志》系太仓顾子伊人重修。其书……十卷。既告藏，寓书京师，属予序。』推知顾湄仍在昆山教徐氏子弟。

康熙十六年 丁巳 1677 徐乾学四十七岁 徐秉义四十五岁 徐元文四十四岁

正月 徐氏兄弟回昆山守制。《校补亭林年谱》本年：『正月二日，送别原一、彦和、公肃诸甥于天宁寺。』《翁铁庵自定年谱》：『十六年 …… 昆山徐公以内艰归里。』

七月 命明珠任大学士，以制约索额图。三年后解除索大学士职。参见《清代人物传稿》上编第六卷何龄修《明珠》，刘德鸿《纳兰性德研究》。

八月 乾学子树榖、炯，门生王喆生中顺天乡试。《家谱》：『树榖 …… 丁巳中顺天举人 …… 炯 …… 自幼多病，援例入监。康熙丁巳，开特科，举于乡。』所谓『特科』，因是年开乡试仅四省。《郎潜纪闻初笔·康熙丁巳科乡试止四省》：『康熙十六年丁巳，因军兴，开科止四省：一顺天，一江西、湖广附江南，一福建附浙江，一山东、山西、陕西附河南，有乡无会。』本年顺天乡试主考为彭定求。王喆生为徐元文外侄女婿王缉植从弟，尝师事昆山朱用纯，生卒年不详。（见本谱康熙二十五年）《昆新合志》卷二十一第二十六页：『喆生字醇叔，号素岩 …… 康熙丁巳，徐司寇乾学招致京师，（当在本年初。引注。）举顺天乡试第一。北元南籍，自喆生始。壬戌（康熙二十一年）成进士，授编修。乙丑（康熙二十四年）充会试同考官 …… 寻乞假养母归。』

本年 传是楼始具规模。汪琬《传是楼记》（转引自《昆新合志》卷十二）：『昆山徐健庵先生筑室于所居之后，凡七楹间。命工斫木为橱，贮书凡若干万卷 …… 凡为橱者七十有二，部居类汇，各以其次。素标缃帙，启钥烂然。于是先生召诸子登斯楼而诏之曰：「吾何以传汝曹哉？ …… 夫为人之父祖者，每欲传以土田货财，而子孙未必能世富也。欲传其金玉珍玩、鼎彝尊斝之物，而又未必能世宝也。欲传其园池台榭、舞歌舆马之具，而又未必能世享其娱乐也。吾方以此为鉴。然则吾何以传汝曹哉？」因指书而欣然笑曰：「所传者，惟是矣。」遂名其楼为「传是」，而问记于琬（汪琬。引注。）……又推之以训敕其子姓，俾后先跻巍科、取膴仕，翕然有名于当世。琬然后喟焉太息……若琬……居平质驽才下，患于有书而不能读，延及暮年，则有蜷伏穷山僻壤之中，耳目固陋，旧学消亡，盖本不足以记斯楼，不得已勉承先生之命。』此文写作时间待考。汪琬本年五十四岁。查《汪尧峰先生年谱》本年行迹，似非本年作。明年八月汪入都应博鸿征，至康熙二十年二月始归。本文或作于归里后。有关传是楼之记述尚有彭士望康熙十九年作《传是楼藏书记》（是年彭应邀登传是楼。见本谱康熙十九年），黄宗羲康熙二十二年作《传是楼藏书记》，邵长衡有《传是楼记》（载《青门賸稿》卷五，据同书卷八《与徐艺初书》，推知其《记》作于康熙三十二年三月）。比较诸种记载，惟汪琬所记最详。而最早提及『传是楼』者，为康熙十八年万斯同《传是楼藏书歌》（载《石园文集》），中有句『楼高百尺势矗天，两楼并崎如比肩。左右以书为垣壁，中留方丈容人旋……昨年招我置其下，亦欲啜醨还餔糟。恍如上林看春卉，目不给视徒鬱陶……』所言『昨年』，即康熙十七年。万诗称『两楼并崎』，汪《记》称『凡七楹间』，彭《记》称『楼十楹』，可知传是楼逐年扩建而成。有关乾学收集古书名椠事，散见于当时文集、笔记。叶昌炽著王欣夫补正之《藏书纪事诗·怡贤亲王》条、《徐乾学》条，郑伟章《文献家通考·徐乾学》条等先已略为梳理条列。《藏书纪事诗·怡贤亲王》条：『陆心源《宋椠婺州九经跋》：「绛云楼未火以前，（火在顺治七年。引注。）其宋元精本大半为毛子晋、钱遵王所得。毛、钱两家散出，半归徐健庵、季沧苇。徐、季之书由何义门介绍，归于怡府。』怡贤亲王名允祥，怡府藏书实始于允祥第七子弘晓。近年发表有关传是楼藏书的论文，除前举陈惠美《徐乾学及其藏书刻书》，匡淑红《徐乾学传是楼藏书聚散辑述》（载 2007 年 5 月《湖南科技学院学报》第二十八卷第五期）所述稍详。据叶昌炽《藏书纪事诗·安岐仪周》，可知传是楼藏书后部分为怡贤亲王乐善堂获得外，又有部分归入明珠府。据《纂修四库全书档案》，乾隆三十八年闰三月十五、二十日高晋奏折云：『徐乾学之传是楼已于雍正十二年间不戒于火，书籍悉遭焚毁。』故《四库全书总目》未著录徐氏藏书。至民国年间，徐氏后裔将传是楼售诸王揖唐。

钱澄之时来访乾学，常通音讯。《憺集》二十《田间全集序》：『（乾学）以丁太夫人艰归，先生（钱澄之。引注。）时访余庐居。或不至，亦因风便通殷勤焉。』

乾学始编《读礼通考》。韩菼《徐乾学行状》：乾学『谓：「未葬读《丧礼》，既葬读《祭礼》。近世阙不讲，学士大夫罕能举其物。本根不立，为人道祸。」乃……为《读礼通考》一书。丧三年间，无斯须去斯礼。』徐树榖《读礼通考序》（康熙三十五年冠山堂刊本《读礼通考》前附）：『先大父（指乾学。引注。）《读礼通考》草创于康熙丁巳，时居王母顾太夫人之忧……乃搜讨古今丧纪因革废兴之由，分别部居……阅十有馀年、三易稿乃成，犹未敢以为无憾而即安也。时复与朱太史竹垞（朱彝尊。引注。）及万季野、（万斯同。引注。）顾伊人、（顾湄。引注。）阎百诗（阎若璩。引注。）诸君子商榷短长。』延万斯同、本年四十岁。陆元辅本年六十一岁。等馆于家，编辑《读礼通考》。陈训慈、方祖猷先生《万斯同年谱》：『时徐乾学因母丧居忧，闻季野名，敦请编纂《丧礼》，因至昆山应约，是为其（指万斯同。引注。）撰《读礼通考》之始……按，此书实多为季野所撰……阎若璩《古文尚书疏证》谓「鄞万斯同季野将辑古今《丧礼通考》。」因《读礼通考》仅言《丧礼》，故又称《丧礼通考》。陆陇其在其《日记》中亦称「万季野又以所著《读礼通考》附论来阅。」则是书初为季野所著明甚。又按，全祖望《万贞文先生传》：「乃昆山徐侍郎居忧，先生与之语《丧礼》，侍郎因请先生纂《读礼通考》一书。」……盖徐氏拟纂是书而力不逮，招季野馆其家，因代为之撰。』《四库全书总目提要》：『《读礼通考》乃家居读《礼》时所辑，归田（在康熙二十九年。引注。）以后又加订定。积十馀年，三易稿而后成……盖传是楼藏书甲于当代，而一时通经学古之士如阎若璩等亦多集其门，合众力以为之，故博而有要。又欲并修吉、军、宾、嘉四礼，方事排纂而殁。是书收罗富有。秦蕙田《五礼通考》即因其义例而成之。』《清儒学案·健庵学案》：『全谢山撰《万季野墓志》云：「徐侍郎乾学请先生纂《读礼通考》，又以其馀为《丧礼辨疑》……」与《四库提要》所言「合众力以为之」等语稍异。是书三经易稿，当非一人所擅美也。』张云章《陆先生元辅墓志铭》（据《碑传集》）：陆元辅『以贫故，糊口四方……故以礼来聘者，先生（指陆元辅。引注。）不之拒。于太仓则太原王氏，昆山则东海徐氏、南阳叶氏，长洲则广平宋氏。而东海公乾学力趣先生入都，（约为明年事。引注。）则又有宛平王公崇简、孙公承泽，蔚洲魏公象枢，江宁王公宏泽，皆虚己授餐，或俾子弟执经焉。』《读礼通考》于乾学生前未刊，至康熙三十五年始由徐树穀刊于冠山堂。

乾学采陆元辅书编入《通志堂经解》。《三鱼堂日记》康熙三十一年十一月初二日：『侯大年言，陆翼王所著《礼记集说补正》，徐氏以三百金买之，刻在成德名下。』《国朝耆献类征》卷四百二《陆元辅》条引张维屏《四库全书提要》：『《合订大易集义粹言》八十卷，相传谓其稿本出陆元辅。』所言以陆氏书编入《通志堂经解》当即本年事。明年元辅入都，康熙十八年应博鸿试，不中，遂馆京师诸名宦家。康熙二十一年初，元辅随余国柱赴江南巡抚任，之前曾推荐张云章入徐元文幕。康熙二十八年元辅再入乾学幕。

本年乾学作《祭范忠贞公文》。《憺集》三三。范忠贞即范承谟，去年死于耿精忠狱，今年追谥。

本年孙枝蔚作《徐原一昆弟四人小像合图一卷索题》《挽徐母顾太夫人兼呈令子原一昆弟三太史》。《溉堂集》。施闰章有《寄徐健庵》。《施愚山集》。为高淳诗人邢昉身后事求助乾学。彭孙遹作《寿徐健庵先生》。《松桂堂全集》。

康熙十七年 戊午 1678 徐乾学四十八岁 徐秉义四十六岁 徐元文四十五岁

徐氏兄弟在昆山守制。

博学鸿词科开征。明年三月试。是科之设，乾学或有倡议之功。龚自珍《龚定庵全集类编·昆山徐尚书代言集序》：『本朝博学宏词科，始发自公，将以收拾明季遗佚之士。集中《恭拟谕旨》三通是。』

乾学荐举太仓黄与坚，本年五十九岁。并赠与行资。《憺集》二十《黄庭表文集序》：黄与坚『僻居海上，郁郁不得志。余兄弟劝就选人，醵金以赠其行。会有诏征天下宏博之士，余首以其黄与坚姓名言于当事……辞赋称旨，乃改官翰林……其在史局撰《传》《志》最有体要，又修《一统志》，浙江郡县皆其所裁定……其操行修洁，在京师杜门谢客，寂寂也。余与庭表尝经月一见，见必与往复论古，衮衮不倦。』

乾学曾往南京长干僧舍，晤宋衡。《憺集》二十二《宋嵩南制义序》：『戊午秋，江南乡试榜发，裒然举首者，为庐江宋子，（宋衡。引注。）年甫弱冠，都人士相与叹羡。或又言，宋子之兄先一年丁巳（去年。引注。）亦举于乡矣，复相与叹羡不已。宋子谒予于长干僧舍，抠衣肃拜，执行弟子礼甚谨，已而出其行卷，属予序其首，予读之而叹……予方编辑《礼》经，支离视息，愧未有以相长，是在宋子勉之而已。』

施闰章、陈维崧、曹禾、本年四十一岁。吴任臣、本年五十一岁。姜宸英、李良年本年四十四岁。等先后来苏州、昆山，与乾学兄弟唱酬，邀延声誉，以期影响明年博鸿之取。后黄、施、陈、曹、吴明年中选，姜本以韩菼、叶方蔼联名举荐，因逾期未报而未与试，李应试未遇。《憺集》二十九《陈检讨墓志铭》：『戊午春，陈其年（陈维崧。引注。）过昆山，读书余园中，适朝廷下诏举博学鸿儒，于是故大学士宋文恪公（宋德宜。引注。）以其年名上。余送之曰：「子虽晚遇，然自是绝青冥、脱尘埃，羽仪圣朝不久矣。吾与子相见于上京耳。」次年春，天子亲视诸征士于殿廷，其年名入一等，授翰林院检讨、纂修《明史》。』《国朝耆献类征初编》卷百七十引储欣《陈其年传》：『戊午予（储欣。引注。）督楚学政，邀与俱。昆山徐健庵太史寓书于予谓：「使其年应秋试，一旦成名，则所以成就之者尤大。」余深感其言，髯遂不果。』陈其年美髯，时人即称其『髯』。

学生陆志舆、翁大中、苏翔凤等将赴京师参加明年会试，邀乾学为其文稿作序。

《憺集》二十二《陆予载、翁林一合稿序》：『吴门陆子予载（约为陆志舆。引注。）为予兄弟总角交，虞山翁子林一，（即翁大中，翁叔元族兄弟。引注。）则山愚先生（翁长庸，翁同龢七世祖。引注。）令嗣，执经于予者也。二子与苏子苞九、（苏翔凤。《江南通志》五一一·七五四有传。引注。）翁子宝林（翁叔元。引注。）相友善……宝林为予壬子（指康熙十一年顺天乡试。引注。）所录，丙辰（指康熙十五年会试。引注。）第二人及第。苞九以乙卯（康熙十四年。引注。）隽京兆。予载、林一则又同登丁巳（去年。引注。）贤书，而向日讪笑之者又从而叹羡欣慕之不置……苞九、予载、林一行将试南宫、抡大魁，本其学问，纾其蕴抱，古人所谓「骋騄骥于千里，仰齐足而并驰」。』陆予载待考。本谱顺治十一年记有长洲陆志熙，字予敬。浙江古籍出版社 1985 年版点校本《金圣叹评点唐诗六百首》第 512 页收有金氏《答陆予载志舆》。或陆予载为陆予敬兄弟行，名志舆。

本年乾学诗有《同吴园次、志伊、石叶、陈其年、姜西铭、李武曾过隐湖访毛黼季和园次韵》。

《憺集》六。吴园次即吴绮。吴志伊即吴任臣。吴石叶即吴参成。李武曾即李良年。毛黼季即毛扆。陆心源《宋椠婺州九经跋》所谓『毛、钱两家散出，半归徐健庵、季沧苇。』毛扆卒于康熙五十二年，已在乾学逝后。可知毛扆生前已出售毛晋旧藏。本年乾学等『过隐湖访毛黼季』或即有售书事。

本年乾学文有《陆予载、翁林一合稿序》《宋嵩南制义序》 宋嵩南即庐江宋衡，本年江南乡试第一。《山东行卷序》 本年山东乡试主考为翁叔元。《曹峨眉文集序》 曹峨眉即曹禾。《叶元礼制艺序》 叶元礼即叶舒崇，与叶燮、叶方蔼一族，《吴中叶氏族谱》

学生陆志舆、翁大中、苏翔凤等将赴京师参加明年会试，遂乾学为其文稿作序。《憺集》二十二《陆子敖、翁林一合稿序》：「吴门陆子子敖（应为陆志舆。引注。）为予兄弟总角交，虞山翁子林一（即翁大中，翁叔元族兄弟。引注。）则山愚先生（翁长庸，翁同龢七世祖。引注。）令嗣，执经于予者也。二子与苏子苞九、（苏翔凤。《江南通志》五一·七五四有传。引注。）翁子宝林（翁叔元。引注。）相友善……宝林为予主子（指康熙十一年顺天乡试。引注。）所录。丙辰（指康熙十五年会试。引注。）第二人及第。苞九以乙卯（康熙十四年。引注。）隽京兆。子敖、林一则文同登丁巳（去年。引注。）资、书，而向自山奖之者又从而叹羡欣慕之不置……苞九、子敖、林一行将试南宫，抡大魁，本其学问、纾其蕴抱，古人所谓「鹗蹑骥千里，仰齐足而并驰」。「陆子敖待考。本谱顺治十一年记有朱洲陆志熙，字子敬。浙江古籍出版社1985年版点校本《金圣叹评点唐诗六百首》第215页收有金氏《答陆子敖志舆》。或陆子敖为陆子敬兄弟行，名志舆。

本年乾学诗有《同吴园次、志伊、石中、孙其年、姜西铭、李武曾过隐湖访毛黼季和园次韵》。《憺集》六。吴园次即吴绮。吴志伊即吴任臣。吴石中即吴参成。李武曾即李良年。毛黼季即毛扆。陆心源《宋椠婺州九经跋》所谓「毛、钱两家散出，半归徐健庵、季沧苇。」毛扆卒于康熙五十二年，已在乾学逝后。可知毛扆生前已出售毛晋旧藏。本年乾学有「过隐湖访毛黼季」或即有售书事。

本年乾学文有《陆子敖、翁林一合稿序》《宋嵩南制义序》宋嵩南即户江宋衡，本年江南乡试第一。《山东行卷序》本年山东乡试主考为翁叔元。《曹峨眉文集序》曹峨眉即曹禾。《叶元礼制艺之序》叶元礼即叶舒崇，与叶燮、叶方蔼一族，《吴中叶氏族谱》

有传。本年李霨、冯溥荐与博鸿科，不及试而以三十九岁卒于京邸。《叶苍岩诗序》叶苍岩即叶映榴，本年四十一岁。《吴中叶氏族谱》有传。《黄庭表文集序》黄庭表即黄与坚。《七颂斋诗集序》等。七颂斋为刘体仁室名。体仁去年已逝。上列诸篇均载《憺园集》二〇至二二。

约本年，徐元文移居昆山半山桥东塘。《昆新合志》卷十二第十八页：“大学士徐元文第在半山桥东塘，内有庆堂及含经堂。园内有古樟树一株，其生不知几何年矣，大约始历宋、元，再更人代，干寻直上，巨干连围，故名其园曰得树。”《昆新续志》：“大学士第在半山桥东塘，徐元文所居。本布政张鲁唯宅。内有庆堂及含经堂。乾隆末圮废。第之后有得树园，有古樟树一株，干寻直上，巨干连围，故名园曰得树，书屋曰古樟。嘉庆间园为沈氏家祠，旋毁。”

本年施闰章有《憺园诗为健庵编修作》。《施愚山集》。吴绮有《过灵岩访鉴公遇健庵同年》《偕徐健庵同年、李武曾、姜西溟、孙其年暨家志伊并长儿过毛黼季汲古阁赋赠》。《林蕙堂全集》。

有传。本年李爵、冯溥荐与博鸿科，不及试而以三十九岁卒于京邸。《叶苍岩诗序》叶苍岩即叶映榴，本年四十一岁。《吴中叶氏族谱》有传。《黄庭表文集序》黄庭表即黄与坚。《七颂斋诗集序》等。七颂斋为刘体仁室名。体仁去年已逝。上列诸篇均载《憺集》二〇至二二。

约本年，徐元文移居昆山半山桥东塘。《昆新合志》卷十二第十八页：『大学士徐元文第在半山桥东塘，内有有庆堂及含经堂。园内有古樟树一株，其生不知几何年矣，大约绵历宋、元，再更人代，千寻直上，巨干连围，故名其园曰得树。』《昆新续志》：『大学士第在半山桥东塘，徐元文所居。本布政张鲁唯第。内有有庆堂及含经堂。乾隆末坍废。第之后有得树园，有古樟树一株，千寻直上，巨干连围，故名园曰得树，书屋曰古樟。嘉庆间园为沈氏家祠，旋毁。』

本年施闰章有《憺园诗为健庵编修作》。《施愚山集》。吴绮有《过灵岩访鉴公遇健庵同年》《偕徐健庵同年、李武曾、姜西铭、陈其年暨家志伊并长儿过访毛黼季汲古阁赋赠》。《林蕙堂全集》。